八段锦基础入门

主编◎高翔

北京体育大学出版社

策划编辑：韩培付
责任编辑：韩培付
责任校对：仝杨杨
版式设计：李　鹤

图书在版编目（CIP）数据

八段锦基础入门 / 高翔主编. -- 北京 : 北京体育大学出版社, 2025.2
ISBN 978-7-5644-4039-8

Ⅰ. ①八… Ⅱ. ①高… Ⅲ. ①八段锦－基本知识 Ⅳ. ①G852.9

中国国家版本馆CIP数据核字(2024)第041132号

八段锦基础入门
BADUANJIN JICHU RUMEN

高　翔　主编

出版发行：北京体育大学出版社
地　　址：北京市海淀区农大南路1号院2号楼2层办公B-212
邮　　编：100084
网　　址：http：//cbs.bsu.edu.cn
发 行 部：010-62989320
邮 购 部：北京体育大学出版社读者服务部 010-62989432
印　　刷：三河市龙大印装有限公司
开　　本：710mm × 1000mm　　1/16
成品尺寸：170mm × 240mm
印　　张：6.75
字　　数：128千字
版　　次：2025年2月第1版
印　　次：2025年2月第1次印刷
定　　价：28.80元

前 言

八段锦，是优秀的中国传统保健功法，它的动作简单易行，功效显著，在历史流传中形成许多练法和风格各具特色的流派。古人把这套动作比喻为“锦”，意为动作舒展优美，如锦缎般优美、柔顺，又因为功法共为八段，每段一个动作，故名为“八段锦”。

洪迈《夷坚志》载：“政和七年，李似矩为起居郎……常以夜半时起坐、嘘吸、按摩，行所谓八段锦者。”说明北宋时已有八段锦。据多方考证，八段锦在南宋时传习已经很广，被誉为“功中之锦”。八段锦在流传中演化为多种练法，至清代一直盛传不衰。国家体育总局大力推广健身气功，统一和规范了八段锦，本书前两章依照国家体育总局的相关规范编写，第三章为拓展内容。

习练八段锦，能达到舒筋活血、强健肌力的效果，对免疫力差、腰酸背痛、肩颈僵硬等症状有一定的改善作用。

本书包括气功健身八段锦、养生坐势八段锦、王氏简易八段锦。全书图文并茂，对所有动作进行详细展示，包括对练功过程中的呼吸要求，呼吸动作合一要求等都做了指导，从而引导读者进行规范习练。本书适合八段锦爱好者阅读，对体育院校师生和老年大学师生等也具有参考价值。

目录

目录

第一章 气功健身八段锦

八段锦是我国优秀的古传养生术。本功是国家正在大力推广的一套气功健身功，吸收了诸多八段锦练法精华，对于外形各节、内里诸脏、呼吸、意念、经络、筋肉等，均有直接锻炼收益及保健作用。

预备势

【歌诀】

两足分开平行站，横步要与肩同宽。

头正身直松腰胯，两膝微屈对足尖。

双臂松沉抱腹前，掌指放松须自然。

凝神调息垂双目，静默呼吸沉丹田。

【功法分解】

1. 正身并步直立，两臂自然下垂，两掌贴于大腿外侧，虎口向前，目视前方。（图1–1）

2. 身体重心移于右腿，膝部略屈，左足跟缓缓提悬，足尖点地。（图1–2）

图1–1

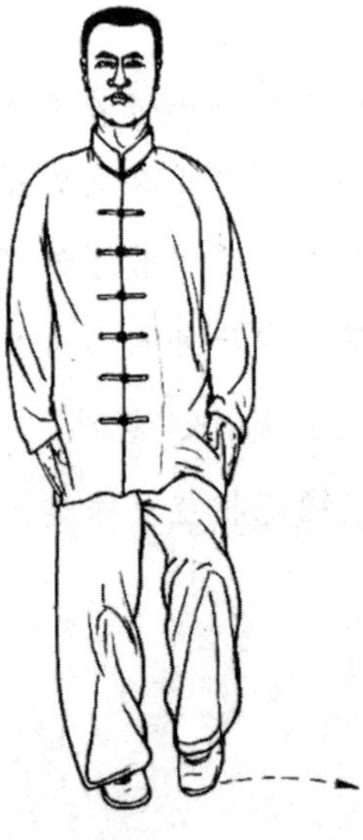

图1–2

3. 左脚向左侧开步，约与肩同宽。（图1–3）

4. 左足跟落地踏实，两足平行，正身开步直立，目视前方。（图1–4）

图1–3

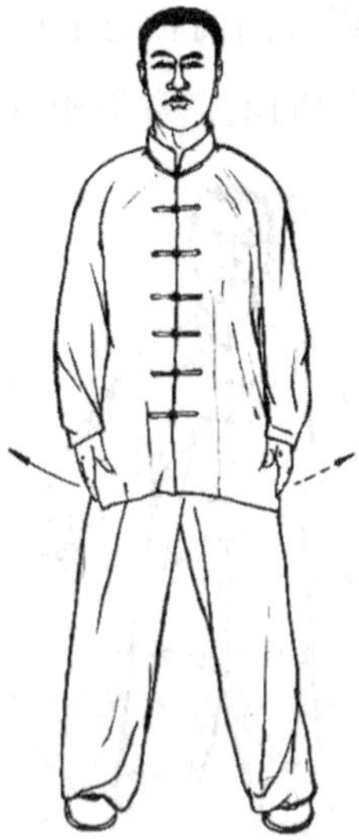

图1–4

5. 两臂内旋，两掌转成掌心向后，掌尖向下。（图1–5）

6. 动作不停，两掌分别向两侧摆起，约与髋同高，掌心向后，虎口向下，目视前方。（图1–6）

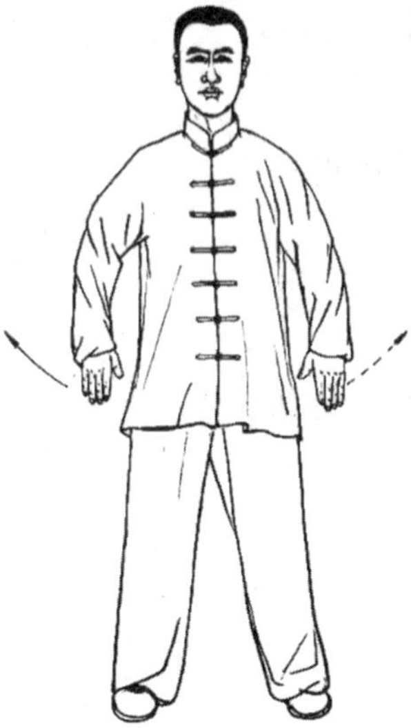

图1–5

图1–6

7.身体重心缓缓下沉，两腿膝关节稍屈，同时，两臂外旋，两掌转成虎口向上，目视前方。(图1–7)

8.两掌继续向前合抱于腹前成圆弧形，与脐同高，掌心向内，两掌指间距约10厘米，虎口向上，掌尖相对，目视前方。(图1–8、图1–9)

图1–7

图1–8

图1–9

【练习要点】

1.头正体松，下颌微含，胸部宽舒，腹部松沉。

2.沉肩坠肘，掌尖相对，拇指放平。

3.两膝微屈，不超越足尖，两足平行站立，上体中正。

4.呼吸自然，心静体松，调息顺畅。

【养生作用】

聚精会神，调整呼吸，内安五脏，外正身形，做好练功准备。

第一段 两手托天理三焦

【歌诀】

十指交叉小腹前，翻掌向上意托天。

左右分掌拨云势，双手捧抱势还原。

势随气行须缓慢，一呼一吸一周旋。

呼气尽时停片刻，随气而成要自然。

【功法分解】

1.两臂外旋，两掌微下落，两虎口向前。（图1–10、图1–11）

2.两掌手指分开，相互交叉于小腹前，掌心向上，目视前方。（图1–12）

图1–10 图1–11 图1–12

3.两掌沿腹前中线缓缓上托，肘臂屈抬，至胸前膻中穴部位。（图1–13）

4.两肘臂向上一抬，掌至下颌处，即内旋转腕成掌心向下。（图1–14）

5.两掌继续内旋成掌心向外，掌背停于口、鼻之前，面部微微上仰。（图1–15）

图1–13

图1–14

图1–15

6.两臂伸直上举，两掌上托，直至臂直，仰面目视掌背，动作略停。（图1–16、图1–17）

7.两臂继续上托撑紧，肘关节伸直，同时，下颌内收，目视脚前地面，动作略停。（图1–18）

图1–16

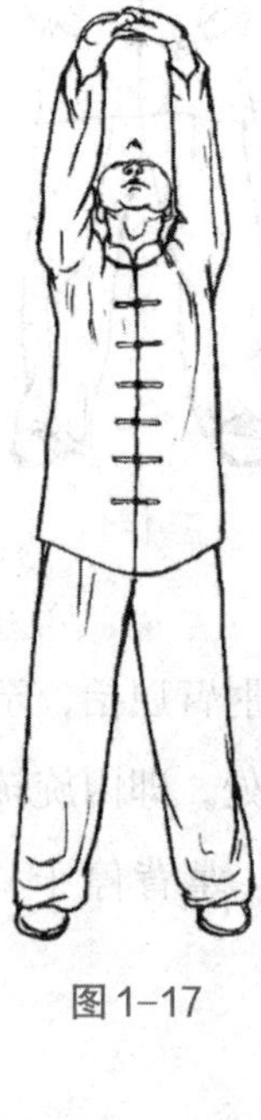

图1–17

图1–18

8. 正头颈，目平视前方，身体缓缓放松，松肘臂，两掌十指松开。（图1–19、图1–19附）

图1–19

图1–19附

9. 两掌缓缓向两侧分开，两臂至与肩平时，掌心向外，掌尖向上，目视前方。（图1–20、图1–21）

图1–20

图1–21

10.身体重心缓缓下降，两腿膝关节微屈，同时，两掌向前下弧形下落，捧于腹前，掌心向上，虎口向前，两掌尖间距约10厘米，目视前方。（图1–22、图1–23）

练习双掌上托、下落为1遍，共做6遍。

图1–22

图1–23

【练习要点】

1.在向上托举时，当两臂展开后，两肩要随两臂的伸举继续向上充分伸展，直至将身体舒展开来。通过两肩的充分伸展，可以使习练者的肺、肝、胃等脏腑器官得到舒展。当两臂由体侧下落时，要求由腰至胸、由胸到肩依次放松，两手或两臂顺势分开，从身体两侧下落于腹前。这时躯干的放松，可以使扩张后的胸腹腔还原，脏腑器官得到放松。内脏器官在一张一缩、一紧一松中得到相应的调和，从而达到调理“三焦”的作用。

2.两手上托动作是指腹前交叉的两掌上托至胸部后，两臂内旋，掌心向上托起，同时抬头目视两掌，直至两臂伸直的动作过程，然后，两臂外旋微下落，目视前方。

在该势动作的练习中，有的习练者将两手上托做成两肩松懈，两臂前上举，眼睛向斜上注视两掌，两肘微屈的动作。这样既不舒展，也不美观，更无好的健身效果。

3. 两臂上举，要求两肩充分展开并向上尽力伸展，使全身上下充分舒张。要纠正两手上托时的松肩、含胸问题，两掌必须要有意识地向上伸展，充分上顶，使腰腹伸展，胸部扩展。当然，患有颈椎疾病、肩周炎或有头晕等病症者，抬头动作要适当，伸展动作也不要过于强硬。

【养生作用】

1. “三焦”是传统中医学的术语，为六腑之一，主要功能为疏通水道与主持气化。其位置是在胸腹之间，胸膈以上为上焦，脐以上为中焦，脐以下为下焦。与现代医学所谓的血管外循环系统、淋巴系统等相关，为人体循环与代谢的基础器官。所谓“理三焦”是通过这段运动，调理和强健身体各内脏器官。通过两掌交叉上托，缓慢用力，拔抻腰背，提拉胸腹，可使“三焦”通畅，气血调和。

2. 通过拉长躯干与上肢各关节周围的肌肉、韧带及关节软组织，对防治肩部疾患、预防颈椎病等具有良好的作用。

3. 有利于胸廓扩张，活动颈部诸肌，加强深呼吸，吸进更多的新鲜空气，使体内有更多的氧气，同时加强血液循环，尤其是脑部的血液循环，并将动脉血液运输给全身肌肉和各器官，以解除疲劳，清醒头脑。

第二段　左右开弓似射雕

【歌诀】

马步下蹲要稳健，双手交叉左胸前。

左推右拉似射箭，左掌食指竖朝天。

势随腰转换右势，双手交叉右胸前。

右推左拉眼观指，两掌收回势还原。

【功法分解】

1.身体重心右移，左脚提悬足跟，脚尖点地，两掌缓缓相对移动，右掌在上，左掌在下，掌心均向上，目视前方。（图1–24、图1–25）

图1–24

图1–25

2.左脚向左侧开步，两脚间距约比肩宽，两腿膝关节自然伸直，同时，两掌向上交叉于胸前，右掌在里，左掌在外，两掌心向内，虎口向上，目视前方。（图1–26、图1–27）

图 1–26

图 1–27

3. 两腿徐缓屈膝，同时，右掌屈指成爪（扣弓弦状），手心向里，虎口向上；左掌食指伸直，拇指张开，余三指弯屈，成八字掌于左胸前，目视左前方。（图 1–28、图 1–29）

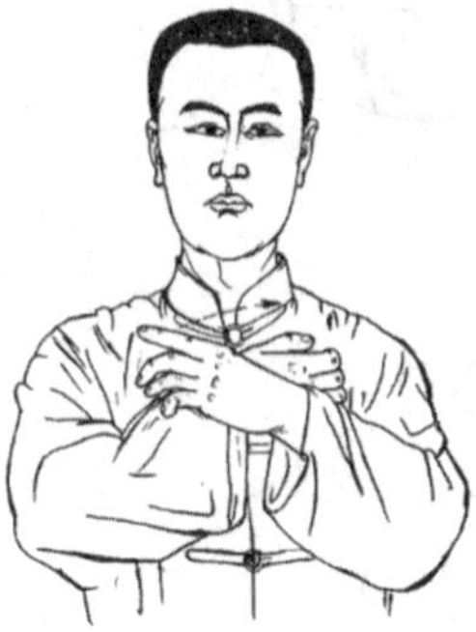
图 1–28

图 1–29

4. 动作不停，两腿屈膝蹲成马步，同时，右手屈臂向右拉，至右肩前，肘尖向外，虎口向上；左臂内旋，向左侧推出，与肩同高，坐腕竖掌，虎口并拢，拇指贴近食指，掌心向左，犹如拉弓射箭之势，动作略停，目视左食指尖。（图 1–30、图 1–31）

图 1-30

图 1-31

5. 两臂放松，两大腿略起，双手手指伸直成掌。（图 1-32）

图 1-32

6. 身体重心右移，左腿缓缓蹬直，成右弓步，同时，右掌向上、向右画弧，与肩同高，掌尖向上，掌心斜向前，左掌掌心斜向后，两臂与肩平，目视右掌。（图1–33~图1–35）

7. 左脚提跟内收，脚尖点地成左虚步，同时，两掌缓缓下压，高与腰平时虎口向前，掌心向下，目视前方。（图1–36）

图1–33

图1–34

图1–35

图1–36

8. 动作不停，重心继续右移，左脚回收成并步正身直立。同时，两掌由两侧捧于小腹前，掌尖相对，掌心向上，两掌尖间距约10厘米，目视前方。（图1-37、图1-38）

图1-37

图1-38

9. 接着做右势，动作与左势相同，唯方向相反。练习一左一右为1遍，共做3遍。

【练习要点】

1. 侧拉之手在五指并拢屈握时，指腹屈近于指根节处，拇、食二指指尖相扣，肩臂放平。

2. 单指掌侧撑需坐腕、竖指，掌心含空，肘臂伸直。

3. 上体保持正直，开胸扩肩，两臂要保持相对抻拔，马步要稳，两足保持平行，足趾抓地扣紧。

【养生作用】

1. 重点是运动胸部、颈椎，两臂外展且左右交替抻拉促使胸廓扩大，增强呼吸功能与血液循环，有利于神经、体液调节。颈椎左右扭转运动，增强头部的血液循环，有利于心神健康。

2.通过马步状态下两手“射箭”样的左右开弓，对左（主升之肝气）、右（主降之肺气）进行科学的调节，以保持其正常的升降状态。因此，从理论上来说，此段的主要作用是通过调节肝肺两脏，来调整人体气机的升降。从实际效果来看，由于左右开弓的动作，有扩胸作用，因此它除了对肝肺有保健作用外，对位于胸腔的心脏也有较好的作用。又因为肺主气、心主血，经常练习，还有利于气血的运行。

3.可有效发展下肢肌肉力量，提高平衡和协调能力，同时，增加前臂和手部肌肉的力量，提高手腕关节及指关节的灵活性。有利于矫正不良姿势，如驼背及圆肩，很好地预防肩、颈疾病等。

第三段 调理脾胃须单举

【歌诀】

双手重叠掌朝天，左上右下臂捧圆。

左掌旋臂托天去，右掌翻转至髀关。

双手均沿胃经走，换臂托按一循环。

呼尽吸足勿用力，收势双掌回丹田。

【功法分解】

1. 身体重心移于右腿，膝部略屈，左足跟缓缓提悬，足尖点地。（图1–39、图1–40）

图1–39

图1–40

2. 左脚向左侧开步，约与肩同宽。（图1–41）

3. 左足跟落地踏实，两足平行开立，目视前方。（图1–42）

图1–41

图1–42

4.两腿缓缓挺膝伸直，同时，左掌上托，左臂外旋经面前上穿，随之臂内旋，舒胸展体，上举至头的左上方，肘关节微屈，手掌放平，力达掌根，掌心向上，掌尖向右与肩井穴在同一条垂直线上。同时，右掌随臂内旋下按至右髋旁，肘关节微屈，力达掌根，掌心向下，掌尖向前，动作略停2秒钟，目视前方。（图1–43~图1–46）

图1–43

图1–44

图 1–45

图 1–46

5.松腰沉髋，身体重心缓缓下降，两腿膝关节微屈，同时，左臂屈肘外旋，左掌经面前下落于腹前，同时右臂外旋，双掌向上捧于腹前，指尖相对，相距约10厘米，掌心向上，目视前方。（图 1–47~图 1–49）

图 1–47

图 1–48

图 1–49

6.接着做右势，右势动作与左势动作相同，唯方向相反。练习一左一右为1遍，共做3遍。

7.做到第3遍最后一动时，两腿膝关节微屈，同时两掌下按于两髋旁，掌心向下，掌尖向前，目视前方。（图1–50）

图1–50

【练习要点】

1.两臂随着两腿的伸直，一手上托，肘关节微屈，力达掌根，掌心向上；另一手则下按于髋关节旁，肘关节微屈，力达掌根，掌心向下，两臂如此反复交替上举、下按，同时膝部随着屈伸。

2.两臂向上伸展和向下沉按，关键在于肩部带动，而不是两肘的运动。因此，要克服两臂直肘和肩关节的上撑、下沉不充分问题，关键是注意充分舒展胸廓，两掌的上举与下按要以肩为力根，充分上托与下按，肘关节不能用力，要自然弯曲。

【养生作用】

1.两臂上下反复伸展，可以疏理心、肺、心包等处经络，调和脏腑气血，起到调节脏腑功能的作用。

2.肩关节的充分向上伸展与充分下沉，可使相应脏腑器官得到揉按，改善气血运行，起到保健作用。

3.通过两肩关节充分伸展与下沉运动，人体整个脊柱各椎骨间的小关节也同时处于辅助协同的运动中，脊柱各关节均得到相应的活动，关节周边的肌肉、韧带等软组织都得到锻炼，这对颈、肩、腰等骨关节疾病能够起到预防与保健作用。

4.脾胃居于脏腑中焦，与消化系统息息相关的胆、胰分居左右，透过上下用力对拉单举的动作，可延展身体侧旁，使两侧内脏器官因为肌肉的牵引而受到按摩，这可以强化胃肠蠕动及消化功能。此外，这个动作还可以活络肝胆经络，促进消化腺分泌，并且增进食欲，预防胃肠不适、增进脾脏功能，消除紧张情绪。同时，它对于提升人体的免疫功能也有所助益，因为脾脏能不断地制造淋巴细胞，增加人体对疾病的抵抗能力。

第四段 五劳七伤往后瞧

【歌诀】

双掌左右往下伸，两臂外旋扩展肩。

头应随手向左转，引气向下至涌泉。

呼气尽时平松静，双臂内旋按髋边。

继续运转成右势，收势提气回丹田。

【功法分解】

1.两腿缓缓挺膝伸直，重心升起。同时，两臂伸直，掌心向后，掌尖向下，目视前方。（图1–51、图1–52）

图1–51

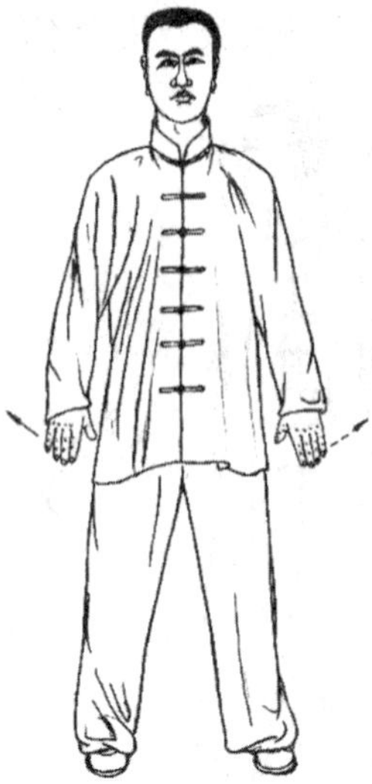

图1–52

2.肩向下沉，两臂缓缓外旋，缓慢抬至斜下方45度方向。此时，展肩扩胸，两臂向后，掌心向外，劲达夹脊。同时，百会虚领，头向左后转，刺激颈部大椎穴，眼珠缓缓向斜后方转动，目视斜后方，动作稍停2秒钟。（图1–53、图1–54）

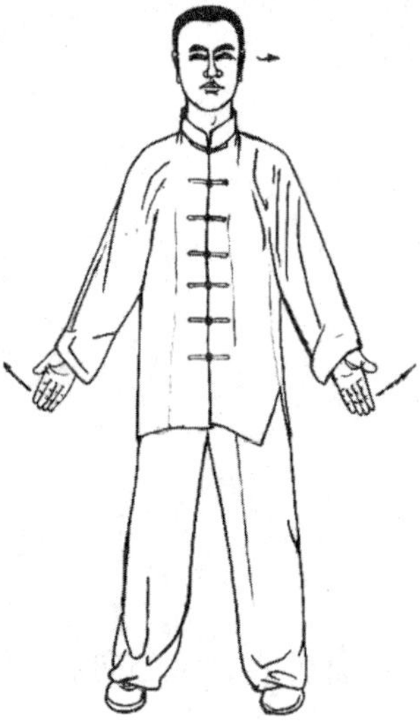

图1–53

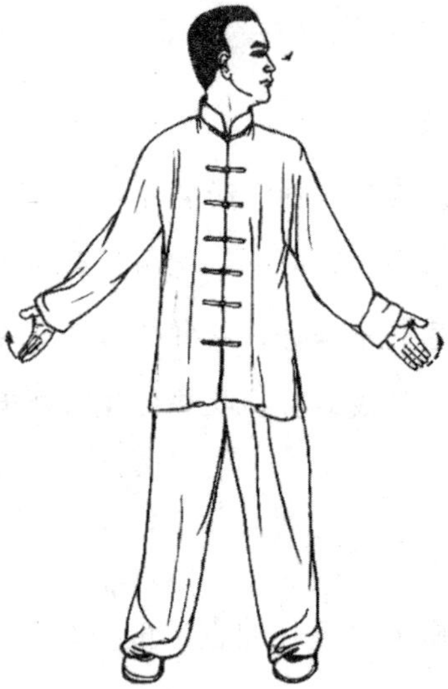

图1–54

3.头颈部及双肩继续缓慢用力不停顿，保持轻度抻拉。（图1–55、图1–56）

图1–55

图1–56

4.随后两腿微屈，同时，两臂内旋，于身体前方缓缓画弧按于髋旁，掌尖向前，眼珠缓慢转正，头向右转回，目视前方。（图1–57、图1–58）

5.右势与左势动作相同，唯方向相反。练习一左一右为1遍，共做3遍。

图1–57

图1–58

6.做到第3遍最后一动时，两腿膝关节微屈，同时两掌捧于腹前，掌尖相对，掌心向上，目视前方。（图1–59）

图1–59

【练习要点】

1.定势动作要求两臂随膝关节伸展而伸直，然后两臂外旋，掌心向外，头部分别向左、右侧后方转动，双目尽量注视斜后方。完成好这一动作，要求两臂向外充分旋转，身体直立。然而，练习者在锻炼时，身体容易向后斜转或倾仰，两臂也往往旋转不充分。

2.造成习练者犯错误的原因，一是两臂外旋用力部位不对，当头部向侧后旋转时，肩部出现了侧向倾斜，使身体侧转；二是头部在转动时未能保持中正，牵动身体重心位置改变，不但使同侧的肩向侧后倾斜，甚至还会引起上体后仰、腹部前挺等现象，使动作变得松散而不完整。

3.头部向侧后转动时，头顶要上领，同时保持头部和肩膀中正；其次，手掌要充分外旋，牵动手臂旋转，两肩后展要充分。

【养生作用】

1.什么是“五劳七伤”？在中医上指的是心、肝、脾、肺、肾五脏劳损的疾病，或是阴寒、阳痿、里急、精漏、精少、小便频繁等肾气亏损的症状。另一种说法，则是五脏中的任何一脏形成难治的慢性病，即成为“痨病”。另外，人的情绪也可以致病，当情绪过度反应时会导致“虚损”，而伤害到到“精、神、魂、魄、智、意、志”，称为“七伤”。简单地说，“劳”是指生理的功能不良，“伤”则是心理情绪上的损害。“五劳”指心、肝、脾、肺、肾五脏劳损；“七伤”指喜、怒、悲、思、忧、恐、惊七情伤害。本段动作通过上肢伸直外旋扭转的静力牵张作用，可以扩张牵拉胸腔、腹腔内的脏腑，使之得到锻炼。

2.本段动作中往后瞧的转头动作，可刺激颈部大椎穴，使头部反复用力，左右旋转，能增强颈部深浅肌群的收缩能力，加强胸骨和第一、二肋骨的上提能力，有助于胸廓上部活动，促进两肺血液循环。身体较虚弱的人，由于两肺尖通气较差，可能诱发疾患。这段动作主要增强肺脏机能，能预防肺部疾患。同时头颈运动对于中枢神经，尤其是脑，都有良好的作用，它能增加脑部的血液供给，加强神经、体液调节，对脏腑气血和全身均有协调作用。所以，有人认为这段动作对防治五劳七伤都有好处。另外，它还能锻炼活动眼部肌肉，提高视觉能力；

使颈部诸肌得到锻炼，有助于治疗落枕和颈椎病；减轻眩晕和上肢麻木，改善高血压和动脉硬化等症。

3. 可增加颈部及肩关节周围参与运动肌群的收缩力，增加颈部运动幅度，活动眼肌，预防眼肌疲劳以及肩、颈与背部出现疾患。同时，能改善颈部及脑部血液循环，有助于缓解中枢神经系统疲劳。

第五段　摇头摆尾去心火

【歌诀】

马步蹲立俯身旋，两掌扶于膝上边。

头随呼气宜向左，两眼却看右足尖。

吸气还原接右势，转目斜看左脚前。

如此往返随气练，气不可浮意宜专。

【功法分解】

1.身体重心稍向左移，右脚向右侧开半步，脚尖向前站立，两腿膝关节缓缓自然伸直。同时，两掌掌尖斜相对，缓缓上托至与胸平，掌心向上，肩部下沉，目视前方。（图1–60~图1–63）

图1–60

图1–61

图1–62

图1–63

2.两臂内旋，两掌随之内旋一圈，继续上托至头上方，肘关节微屈，掌心向上，掌尖相对，目视前方。（图1–64、图1–65）

图1–64

图1–65

3.随后，松腰、沉髋、敛臀，两腿徐缓屈膝半蹲成马步。此时，应保持身体中正，百会虚领，膝盖不应超过脚尖。同时，沉肩坠肘，松腕舒指，两臂缓缓向两侧下落，两掌扶于膝关节上方，肘关节微屈，小指侧向前，目视前方。（图1–66~图1–68）

图1–66

图1–67

图1–69

4.身体重心向上稍升起，随之右移，上体向右侧倾斜，以腰为轴向右前侧俯身，头不低于水平，颈椎与肌肉尽量放松伸长，目视右脚。（图1–69~图1–72）

图 1–69

图 1–70

图 1–71

图 1–72

5. 重心左移，上体保持俯身，头部高于水平，腰部用力，引导上体由右向前、向左移动。同时，颈部与尾闾对拉抻长，目视右脚脚尖。（图 1–73~ 图 1–75）

图 1–73

图 1–74

图 1–75

6.此时应注意右膝依然弯曲，左膝不超过脚尖，重心右移成马步，同时，意想放松大椎穴和督脉，头向后摇，尾闾随之向相同方向摆动，上体立起，随之下颏微收，目视前方。（图 1–76、图 1–77）

图 1–76

图 1–77

7.随后收髋、敛臂，上体稍稍立起，随之下颏微收，使上身中正，做到松腰、沉髋，重心下沉成马步，目视前方。（图 1–78）

图1-78

8.接着做向左摇摆动作，动作相同，唯方向相反。(图1-79~图1-86)练习一左一右为1遍，共做3遍。

图1-79

图1-80

图1-81

图1-82

图1-83

图1-84

图1-85

图1-86

9.做完3遍后，身体重心左移，右脚回收成开步站立，两脚间距与肩同宽，两膝缓缓伸直。同时，两掌向外经两侧上举，掌心斜相对，掌尖向上，目视前方。（图1-87~图1-90）

图1-87

图1-88

图1-89

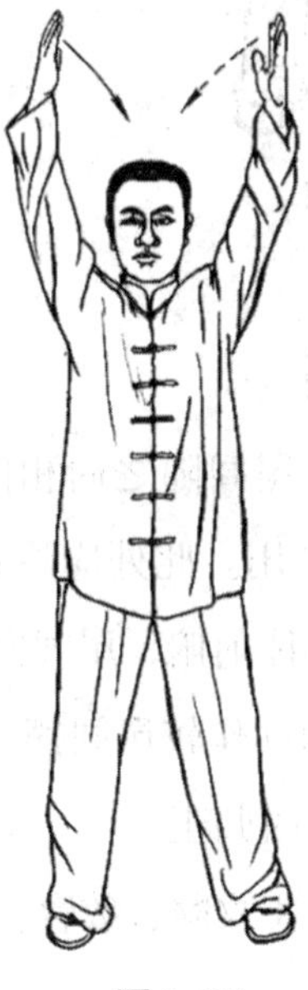

图1-90

10.随后松腰、沉髋，身体重心缓缓下降，两腿膝关节微屈，同时，两臂屈肘，两掌经面前下按至腹前，掌心向下，掌尖相对，目视前方。（图1−91~图1−93）

图1−91

图1−92

图1−93

【练习要点】

1.头向后摇，尾闾随之向相同方向摆动，以刺激大椎穴和督脉等，达到泄热、疏泄心火的作用。此处应注意尾闾摆动，宜大不宜小。正确做法是上体左倾，尾闾右摆；上体前俯，尾闾向后画圆，使尾闾与颈部对拉拔长，加大旋转幅度。另外，摇头的动作较尾闾摆动开始得早一些，所以摇头的速度要稍慢一些，以便能够使头尾同时归正。

2.马步下蹲时要收髋、敛臀，上体中正。年老或体弱者要注意动作幅度，不可强求。

【养生作用】

1.所谓的“心火”，和现代医学所说的脑神经衰弱症、焦虑症的部分症状相似，中医上心火常见症状有：便秘、口干、舌尖红赤、心悸怔忡、失眠、五心烦热等。此段摇头的目的是希望达到放松效果，消除紧张、抑郁，安定精神，以及强化副交感神经作用，促进大脑机能，平衡大脑过度兴奋的活动，进而产生降心火的功效。而另一个动作要点在于摆尾，摆尾即转动腹腔，刺激腹腔内的脏腑，进而改善肠胃功能，平衡身体机能。

2.这是一段全身性运动的动作，尤其是颈椎、腰椎及下肢的活动。头尽量向后旋转，不仅可锻炼颈部肌肉和关节，而且对胸廓活动也起到一定作用，有助于心血循环，大量供给头脑新鲜血液；腰椎活动能锻炼腰部肌肉、关节、韧带等，对腰部疾患及下肢活动皆有良好作用。这一动作还有助于督脉与足太阳膀胱经的运行。

第六段　两手攀足固肾腰

【歌诀】

两足横开一步宽，两掌平附小腹前。
平分左右向后转，吸气藏腰撑腰间。
势随气走定深浅，呼气弯腰盘足圆。
手势引导勿用力，松腰收腹守涌泉。

【功法分解】

1.两腿挺膝缓缓伸直站立。同时，两掌掌尖向前，两臂向前、向上举起，肘关节伸直，掌心向前，目视前方。（图1–94、图1–95）

图1–94

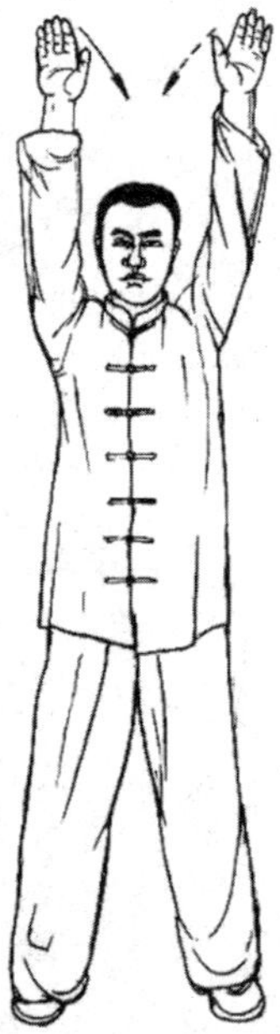

图1–95

2.两臂外旋至掌心相对时屈肘，两掌下按于胸前，掌心向下，掌尖相对，目视前方。（图1–96、图1–97）

图1–96

图1–97

3.两臂外旋，转掌成两掌心向上，随之两掌掌指顺腋下向后插，目视前方。（图1–98~图1–100）

图1–98

图1–99

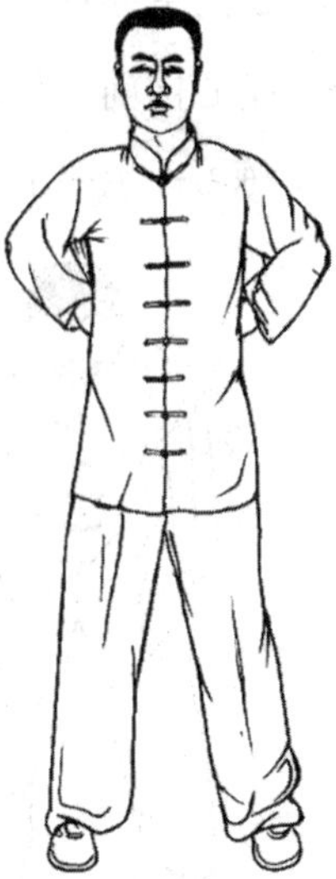

图1–100

4.两掌心向内，稍加用力沿脊柱两侧向下摩运，至臀部。（图1–101、图1–101附）

图1–101

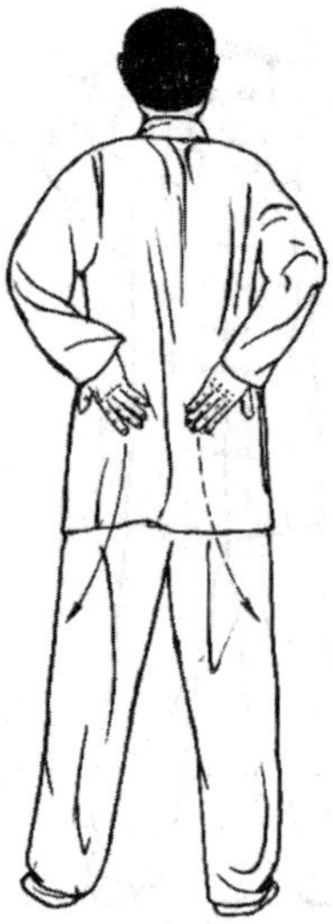

图1–101附

5.随之上体前俯，两掌继续沿腿后向下摩运，松腰、沉肩，两膝挺直，经脚两侧置于脚面。抬头，动作略停，目视前下方。（图1–102~图1–104）

6.两掌向前平移，平行地面前伸，随之用手臂带动上体起立，两臂伸直上举，掌心向前，目视前方。（图1–105~图1–107）

练习一上一下为1遍，共做6遍。

图1–102

图1–103

图1–104

图1–105

图1–106

图1–107

7.做完6遍后，松腰沉髋，身体重心缓缓下降，两腿膝关节微屈。同时，两掌下按至腹前，掌心向下，掌尖向前，目视前方。（图1–108~图1–110）

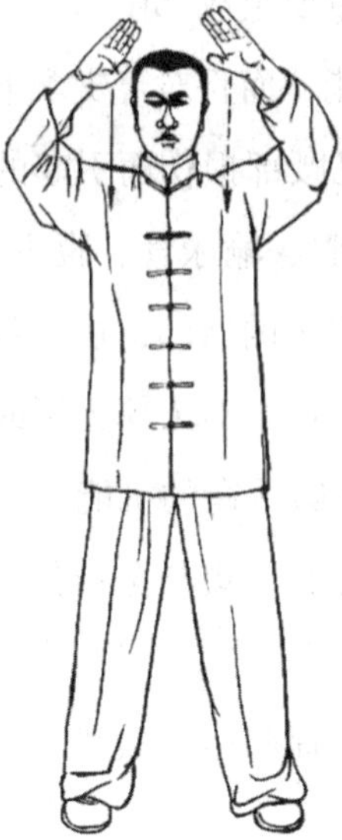
图1–108

图1–109

图1–110

【练习要点】

1.实际练习中，习练者在上体前俯、两掌推摩时，两膝时常随手掌下推而自然弯曲，这主要是由于练习者过于追求将两掌推至脚跟造成的。

2.两掌要沿足太阳膀胱经向下推至脚跟，并沿脚外侧至于脚面，目的是通过两腿伸直、上体前屈和背、腰、臀、腿后部肌肉群的伸展，对足太阳膀胱经起到疏导刺激作用。如果两膝弯曲，则人体背、腰、臀、腿后部的肌群及足太阳膀胱经无法得到应有的牵拉舒展，影响导引对肾及足太阳膀胱经的保健调节作用，以及对腰腿等下肢关节、肌肉、肌腱等组织功能的改善。

3.明白了两膝伸直的健身意义，了解直膝动作与两手推摩的主次关系，就要在练习中尽量保持两膝挺直。当身体充分前屈时，两掌应尽力向下推摩，若受身体条件限制而不能推至脚跟及脚背面，可以在脚背之上悬空完成余下的导引动作。

4.年老或体弱者可根据身体状况自行调整动作幅度，不可强求。

【养生作用】

1.这一段动作，包括头向后仰、上体背伸和弯腰活动，主要运动腰部。腰是全身运动的中枢，又是头颈和躯干负重的轴心，是人体重要组成部位之一。腰部运动不仅能加强腰部肌肉、腰椎关节和韧带等的活动功能，而且对于支配下肢的主要神经（如坐骨神经），也有良好的作用。临床常可见腰部损伤而引起的坐骨神经痛。腰部还可保护腹后壁的重要器官，如肾、肾上腺、输尿管、腹主动脉、下腔静脉和胰脏等。当腰部运动时，能促进腹后壁器官组织的活动，加强各器官的生理机能，例如肾的功能是排泄人体内新陈代谢过程中产生对人体无用或有害的产物（尿酸、尿素等），它又有调节体液、电解质和酸碱平衡的机能，对保持体内环境的相对恒定起着重要作用；肾上腺属于内分泌器官，更与全身各种代谢功能有密切关系。

2.除腰部运动外，上体背伸和头向后仰，可使胸廓上提和运动颈部，有助于加强心肺机能。

3.按中医理论，肾的含义和作用则更广泛和重要，认为肾是“先天之本”“藏精之脏”，又说“腰为肾之府”。经常锻炼腰部，有强肾的作用，既能医治腰腿痛及腰肌劳损等病，又能增强全身机能。

第七段 攒拳怒目增气力

【歌诀】

马步下蹲眼睁圆，两拳束抱在肋前。

拳引内气随腰转，前打后拉两臂旋。

吸气收回呼气放，左右轮换眼看拳。

两拳收回肋前抱，收脚按掌势还原。

【功法分解】

1.身体重心右移，左脚向左开步，松腰、沉髋，两腿缓缓屈膝半蹲成马步。同时，两掌握固，抱于腹侧肋前，拳眼向上，目视前方。（图1–111~图1–113）

图1–111

图1–112

图1–113

2.左拳向前缓缓冲出，拳眼向上。同时，百会虚领，脚趾抓地，气力发于丹田，沉肩、坠肘，力达拳面，怒目圆睁，瞪视左拳。（图1–114、图1–114附）

图1–114

图1–114附

3.随后，左臂内旋，左拳变掌，虎口向内，展肩，目视左掌。（图1–115~图1–117）

图1–115

图1–116

4. 左臂外旋，肘关节微屈，左掌旋腕，向左缠绕，变掌心向上后握固，即大拇指压在无名指指根，其余四指逐节用力屈握（以刺激十二经脉的腧穴和督脉），目视左拳。（图1–118~图1–121）

5. 左臂屈肘，回收左拳至腹侧肋前，拳眼向上，目视前方。（图1–122）

图1–117

图1–118

图1–119

图1–121

图1–120

图1–122

6.接着，做右拳，动作与左拳相同，唯方向相反。练习一左一右为1遍，共做3遍。

7.做完3遍后，身体重心右移，左脚回收成并步正身直立。同时，两拳变掌，自然垂于体侧，目视前方。（图1–123、图1–124）

图1–123

图1–124

【练习要点】

1.要求两腿屈膝半蹲成马步，两手握固分别置于肋前，两拳（握固）左右交替向前冲拳。其中，单拳冲出后须变掌外旋、旋腕，指尖由内向外环绕，掌心向上，再成握固手形收于肋前。冲拳时，肘关节应微屈，握固时要充分旋腕。

2.冲拳时，手臂应当充分舒展，但若伸肘过于用力，会使本应由肩通达于拳的劲力，被肘部分解掉。而造成翻掌旋腕动作不充分的原因，则主要是由于直肘冲拳后，手腕的背伸肌和屈腕肌处于充分伸展状态下，再做旋转收缩运动比较别扭甚至困难。直肘及旋腕不充分，必然影响对上肢末端的手指力量及手腕灵活性的提高，也影响对大脑与手指神经之间协调能力的锻炼。

3.冲拳时微屈肘部，并在握固过程中尽力旋腕，使丹田力贯穿至肩，由肩直接通达于拳，从而确保功法导引的实际健身效果。

4.攒拳是第一位的，怒目应以拳为目标。

【养生作用】

1.增强贮藏血液和调节血量的功能，通过攒拳动作导引，左右冲拳，前后拉动手臂，反复刺激位于肋部的肝经，可调畅经络气血，有助于改善肝藏血和调节血液流量的功能。

2.可增强肝主疏泄和肝气升发的功能，通过攒拳怒目动作导引，左右冲拳，拧腰顺肩，可调畅人的气机，而气行则血行，气滞则血滞。因此，在气机调畅的情况下，脾胃之气才能升降正常，消化功能才能得到加强。

3.可增强肝主筋的功能，通过攒拳怒目动作导引，两腿下蹲，十趾抓地，双手攒拳、旋腕，手指逐渐强力抓握等动作，可刺激手、足三阴三阳十二经脉的腧穴和督脉，从而调畅经脉气血，使全身肌肉、筋脉受到牵张拉动，达到全身筋肉壮实、气力增加的效果。

4.肝开窍于目的功能，通过攒拳动作导引，加之怒目瞪眼、握固反复动作，刺激肝经，有助于肝血充盈，肝气疏泄，收养肝明目之效。

第八段　背后七颠百病消

【歌诀】

两腿并步撇足尖，足掌用力足跟悬。

呼气上顶手下按，落足呼气一周天。

如此反复共七遍，全身气走回丹田。

周身放松做颠抖，自然呼吸态怡然。

【功法分解】

1.正身并步直立，两臂自然下垂，两掌贴于大腿外侧，虎口向前，目视前方。（图1–125）

2.脚趾抓地，两足前掌撑地，提肛、收腹，两脚跟尽力提起，百会上顶，沉肩、坠肘，掌握好平衡，动作略停，目视前方。（图1–126）

图1–125

图1–126

3.两脚跟下落，放松肢体，轻震地面。同时，沉肩、舒臂，周身放松，目视前方。此时要全身放松，上下牙齿轻轻咬合，以避免身体某一部位震动过大而产生不适应，从而通过震动全身达到强身健体的效果。

练习一起一落为1遍，共做7遍。

【练习要点】

1.在提踵的同时，要注意将头顶自然上领，目视前方，同时腰腹轻轻上拔，两脚十趾要抓地。

2.如果习练者在做提踵时头顶不做向上领动，则人体会随意晃动而导致重心不稳。

3.如果目视下方，很容易出现向前倾倒现象。

4.如果腰腹不做轻轻上拔，则会因为腰腹部位的松软，使人重心不稳，腰腹部或两踝出现不停的晃动，不能立稳。

5.如果两脚十趾不抓地，足趾、脚踝松软不稳，两脚易出现上下左右或前后的摇动。

【养生与作用】

1.督脉运行的路线与人体神经系统相符，这一段动作透过背后振动，使重力直接刺激脚跟，震动力从下往上传达到后脑，可以刺激督脉，并且调整人体神经系统，所以，只要调理好督脉，就可以消除百病，让身体更健康。

2.脚趾为足三阴、足三阳经交会处，脚十趾抓地，可刺激足部有关经脉，调节相应脏腑的功能。同时，颠足可刺激脊柱与督脉，使全身脏腑经络气血通畅，阴阳平衡。

3.掂足而立可发展小腿后部肌群力量，刺激足底肌肉、韧带，提高人体的平衡能力。

4.落地震动可轻度刺激下肢及脊柱各关节，并使全身肌肉得到放松复位，有助于解除肌肉紧张。

收势

1.两臂内旋，向两侧摆起，双掌与髋同高，掌心向后，目视前方。(图1–127、图1–128)

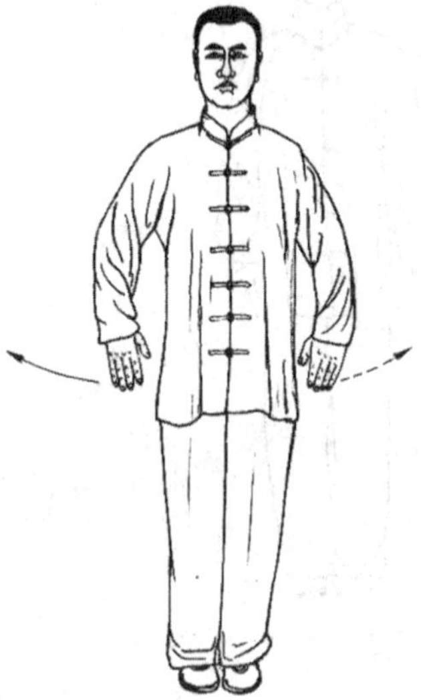

图1–127

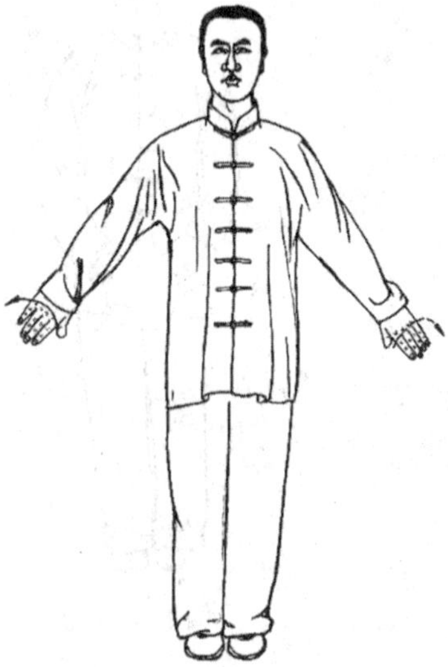

图1–128

2.两臂屈肘，两掌内外相叠，置于丹田处（男性左手在内，女性右手在内），目视前方。(图1–129)

图1–129

3.停顿约10秒钟后，两臂自然下落，两掌轻贴于大腿外侧，同时，周身放松，气沉丹田，目视前方。（图1–130、图1–131）

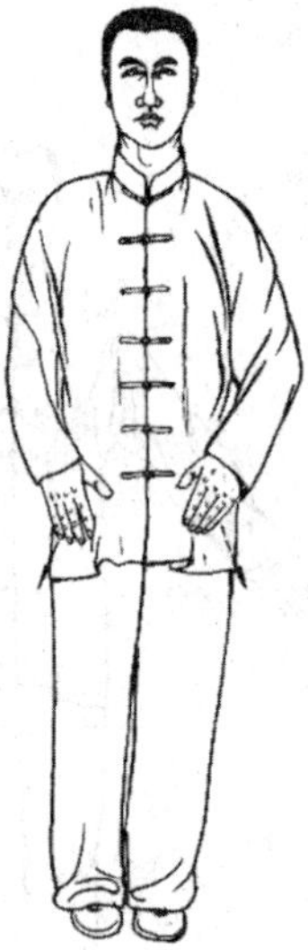

图1–130

图1–131

4.收功时要心平气和，举止稳重。收功后可适当做一些轻柔调理活动，如搓手、浴面等。（图1–132~图1–142）

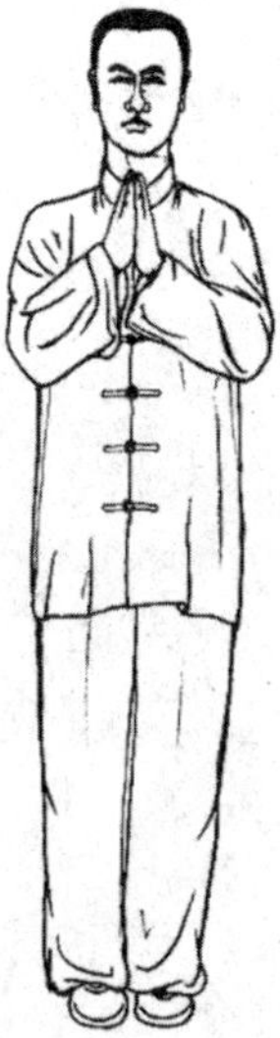

图1–132

图1–133

图1-134

图1-135

图1-136

图1-137

图1-138

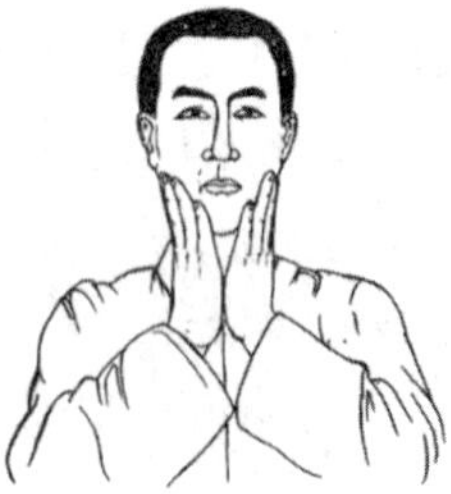
图1-139

图1-140

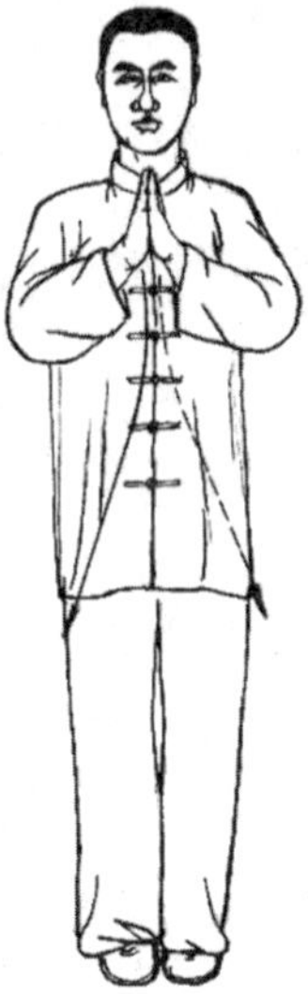
图1-141

图1-142

【练习要点】

体态安详，全身放松，呼吸自然，气沉丹田。

【养生作用】

调节呼吸，气息归元，舒松筋肌，安定心神，巩固练功效果。

第二章 养生坐势八段锦

坐势八段锦运动量不大，比较适合初学者、年老者、体弱者练习。每天可以专门练习，也可在睡前或醒后练习，均非常有益养生。

本功架势舒和，动作徐绵，变化轻便，劲法内敛，具有培元益气、舒筋活血、醒脑提神、防疾祛病等保健良效。

第一段 双手托天理三焦

【功法分解】

1.双腿盘膝而坐（以单盘或散盘坐），全身放松，头往上顶，舌尖轻舐上腭，两掌扶按于两膝盖上。(图2–1)

2.两掌缓缓左右分开，掌心向后，掌尖向下，目视前方。(图2–2)

图2–1

图2–2

3.两掌、臂继续外展，至与肋平时，掌心向下，掌尖向外。(图2–3)

图2–3

4.接着，两掌向腹前合抱，缓缓收至腹前，十指相叉，继沿腹前上抬至胸前，掌心略向里，两拇指向上，用鼻均匀细长地吸气。(图2–4~图2–7)

5.闭息，双掌转腕，掌心向前，两臂屈肘张抬，约与颌平，仰面，目视前上方。(图2–8)

图2-4

图2-5

图2-6

图2-7

图2-8

6.两掌直臂上举，经面部上托于头顶，掌心向上，仰面眼观掌背。（图2-9）

7.至两臂托举撑直后，正头颈，目视前下方，两掌、臂保持撑托动作。（图2-10）。

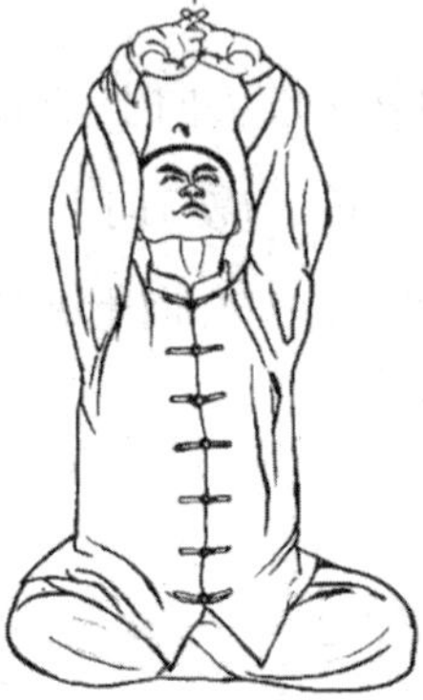

图2-9

图2-10

8.呼气，上体缓缓向左转至90度时，扭动3下。（图2-11~图2-13）

9.随后右转身面向正前方。（图2-14）

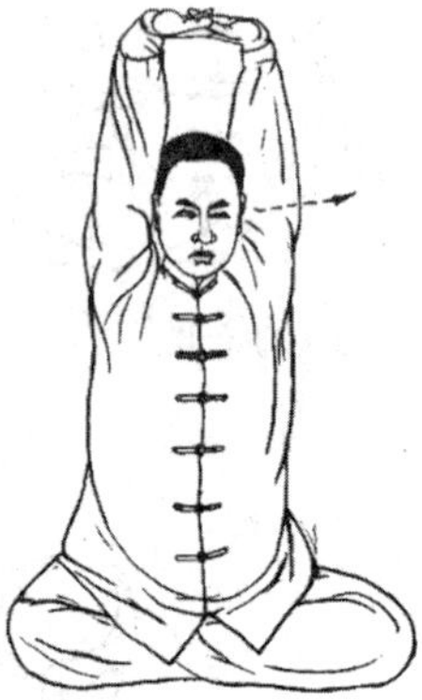

图2-11

图2-12

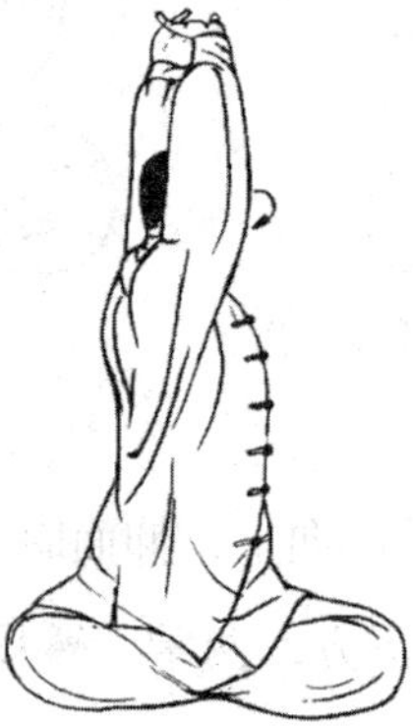

图2-13

图2-14

10.松开十指，两掌向左右分开，掌心向外，掌尖向上。（图2-15、图2-16）

11.两掌下落至与两肋平时，转腕成掌心向前，虎口向上。（图2-17）

12.两掌分别由两侧捧于小腹前，掌尖相对，掌心向上，两掌尖间距约15厘米，目视前方。（图2-18）

图2-15

图2-16

图2-17

图2-18

13.做托举臂向右扭动势，动作与左扭动势相同，唯方向相反。练习双掌上托、扭动、下落为1遍，共做6遍。

第二段 左右弯弓似射雕

【功法分解】

1.两掌向脐前交腕，右掌在上，左掌在下，掌尖向斜下，目视两掌。（图2-19）

2.两掌交臂沿体中线上抬至左胸前，左掌在外，右掌在里，掌心均向里，掌尖向上。（图2-20）

图2-19

图2-20

3.左掌竖食指，余四指屈于掌中成单指掌，右手拇指、食指相扣，余三指握掌中。左臂内旋，向左侧推出，与肩同高，坐腕，掌心向左。头左转，目视左手食指。右臂屈肘右拉，使右手停于右肩前，成扣弦状，虎口向上，犹如拉弓射箭之势。（图2-21、图2-22）

图2-21

图2-22

4.呼气，松体，两手伸指成掌，右掌沿肋前下落，至小腹侧时，缓缓向右侧展开，虎口向上，掌尖向外，目视右掌。（图2–23、图2–24）

图2–23

图2–24

5.右掌抬至与左掌相平时，两掌掌心向上，头转正，目视前方。（图2–25）

6.两掌左右上抬，向头顶上方合拢，缓缓经面前下落交叉于胸前，左掌在外，右掌在里，掌尖均向上，掌心向左右。（图2–26、图2–27）

图2–25

图2–26

图2–27

7.随之，右手成单指掌向右侧斜上方推出，掌心向右；左手成扣弦状，以肘带臂拉至左肩前，虎口向上，拳心对肩，两手犹如拉弓射箭，头右转注视右手食指。（图2–28、图2–29）

8.两手伸指成掌，上体左转，两手伸直展臂，掌心向外，虎口向前，目视左侧。（图2–30、图2–31）

图2-28

图2-29

图2-30

图2-31

9.两掌缓缓收落于左右小腹侧，掌心向上，掌尖相对，成抱掌状。（图2-32、图2-33）。

图2-32

图2-33

10.接着，做右势，动作与左势动作相同，唯方向相反。练习一左一右为1遍，共做3遍。

第三段 调理脾胃单手举

【功法分解】

1.两掌自小腹侧向胸前上托，至两乳前停住，掌尖相对，间距约10厘米，掌心向上，肘尖向外。（图2–34、图2–35）

2.接着，右掌根下沉，掌尖竖起，肘臂下落，立掌于右肩腋前，掌心向左。同时，左掌内旋，拇指向下，掌心向前，肘臂平肩。（图2–36）

图2–34

图2–35

图2–36

3.左臂内旋，左掌经面前上托至头左上方，掌心向上，掌尖向右，肘关节微屈，力达掌根。同时，右掌转腕成掌心向下，随之臂内旋、下按至右髋旁，肘关节微屈，力达掌根，掌心向下，掌尖向前，动作略停，目视前方。（图2–37、图2–38）

图2–37

图2–38

4. 两掌臂保持上撑下按动作，头缓缓向右转，目视右方。（图2–39）

5. 头转正，左掌伸腕，掌尖向上。同时，右掌在右髋旁转成掌心向里，掌尖向下，目视前方。（图2–40）

图2–39

图2–40

6. 右掌旋腕捧于腹前，掌心向上。同时，左臂屈肘外旋，左掌经面前下落于腹前，掌心向上，两掌掌尖相对，相距约10厘米，目视前方。（图2–41、图2–42）

图2–41

图2–42

7. 接着做右举左按动作，与左举右按动作相同，唯左右相反。练习一左一右为1遍，共做3遍。

第四段 五劳七伤往后瞧

【功法分解】

1.上体缓缓左转约45度，同时，两臂伸直成侧平举，掌心向下，掌尖向外，目视左掌。（图2-43、图2-44）

图2-43

图2-44

2.动作不停，上体向右转正。同时，两臂向前平举，掌尖向前，掌心向下。（图2-45）

3.至两掌与肩同宽时，左掌向内平收至膻中穴前，掌尖向右，右掌向小腹前收，近腹前时，转掌成掌心向上，掌尖向左，两掌成抱球状于体前，掌心相对，目视前方。（图2-46）

4.动作不停，左掌下按，两掌心相贴于小腹前，目视前方。（图2-47）

图2-45

图2-46

图2-47

5.接着头向左转。同时，两掌贴紧向右移至右大腿内侧，目视左侧后方，尽量转视左后侧。(图2–48、图2–49)

6.左肩下沉，左掌根向下压右掌尖。同时，向上抬头，稍停，眼珠上翻注视左上方。(图2–50)

7.下颏内收，上体转正，掌还于小腹前，目视前方。(图2–51)

图2–48

图2–49

图2–50

图2–51

8.接着，做右侧转头的动作，与左转头动作相同，唯方向相反。

练习一左一右为1遍，共做3遍。

第五段　摇头摆尾去心火

【功法分解】

1.两掌分别扶于膝关节上，肘关节微屈，掌尖向下，目光内敛。(图2-52)

2.身体稍向上升起，随之缓缓向前俯身，使面部尽量接近地面，稍停。(图2-53)

图2-52

图2-53

3.塌腰，抬头。(图2-54)

4.随后，头部缓缓向左移，至左膝前，面向下。(图2-55)

5.塌腰，头部向左上缓缓抬起，伸颈昂头，目视左上方。(图2-56、图2-57)

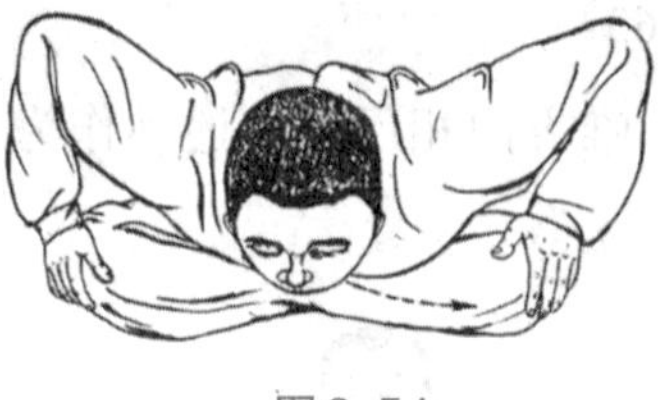

图2-54

图2-55

图2-56

图2-57

6. 正身还原，目视前方。（图2–58）

7. 身体重心向上稍升起，然后右移，上体向右倾，随之俯身，经右膝前缓缓移至正前方，面部尽量接近地面。（图2–58~图2–61）

图2–58

图2–59

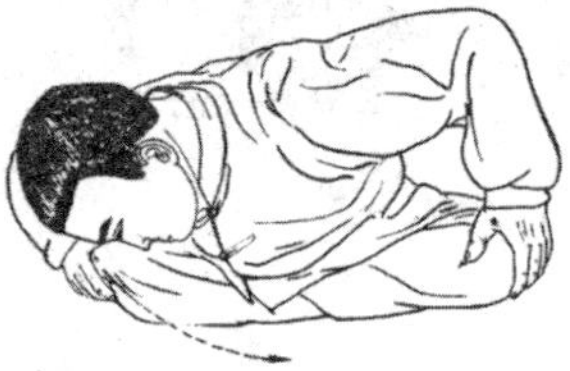
图2–60

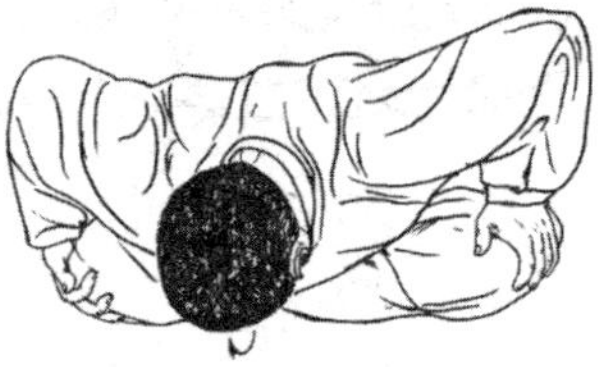
图2–61

8. 随之塌腰，头缓缓抬起，目视前方。（图2–62）

9. 上体立起，正头颈，目视前方。（图2–63）

10. 接着，做头向右摇动作，动作相同，唯方向相反。上述动作为1遍，共做3遍。

图2–62

图2–63

第六段 揉膝摩背固肾腰

【功法分解】

1. 两掌收至小腹前，十指相互交叉，掌心向上。（图2–64）

2. 两掌沿腹前中线缓缓上托，肘臂屈抬，至胸前膻中穴部位。（图2–65）

图2–64

图2–65

4. 两肘臂继续上抬，掌至下颏处，即内旋转腕成掌心向前。（图2–66）

5. 两掌继续内旋成掌心向上，两臂上举，两掌上托，直至臂直，仰面目视掌背，动作略停。（图2–67）

图2–66

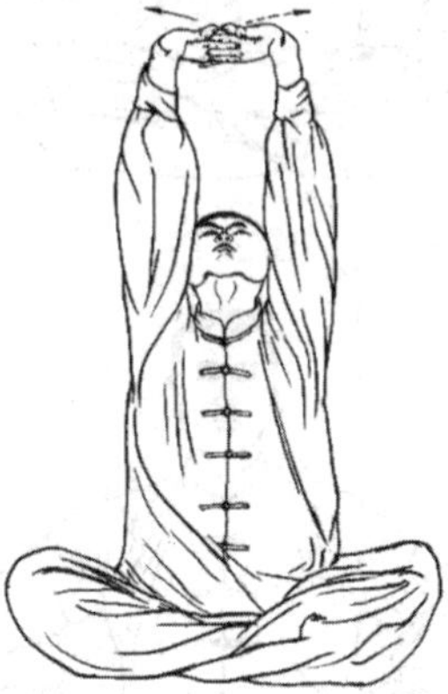

图2–67

6.手指松开，两掌转腕成掌心向下，掌尖相对缓缓经面前屈臂下按，至肩前分开、下落，掌心扶于膝盖上。（图2-68~图2-70）

图2-68

图2-69

图2-70

7.两掌在膝盖上做顺、逆时针揉旋，反复至两膝发热。（图2-71~图2-74）

图2-71

图2-72

图2-73

图2-74

8. 两掌沿大腿外侧摩运到臀部外侧，用大鱼际部位按住环跳穴，反复揉36次。（图2–75、图2–75附）

图2–75

图2–75附

9. 接着，两掌贴住后腰，做上下连续摩擦动作，目视前下方。此动一下一上为1遍，共做24遍。（图2–76、图2–76附）

图2–76

图2–76附

10. 叠掌于肚脐上，右掌在里，劳宫穴正对肚脐，双目垂帘，意守肚脐片刻。然后，睁开双眼，两掌贴住肚脐做顺时针摩运3周，再做逆时针摩运3周，目视前下方。（图2–77）

图2–77

第七段 攒拳怒目增力气

【功法分解】

1.两掌分开，向前上方抬举臂，掌心向前，掌尖向上，拇指扣于无名指根节，目视前方。(图2-78、图2-79)

图2-78

图2-79

2.两臂继续上举至臂直，两掌握固。(图2-80、图2-81)

图2-80

图2-81

3. 两臂向两侧分开，直臂下落至两拳与肋平时，转腕成拳心向上，屈肘向后收，使两拳抱于腰间，目视前方。（图2–82~图2–84）

图2–82

图2–83

图2–84

4. 两肘继续后收，两拳收抱至肋前，拳心向上，目视前方。（图2–85）

5. 左拳用力向前冲出，拳心向下，两目圆睁，瞪视左拳冲出方向。（图2–86）

图2–85

图2–86

6.左臂内旋，左拳变掌，虎口向下，目视左掌。（图2-87）

图2-87

7.左臂外旋，肘关节微屈，同时，左掌向左缠绕，掌心向上，随即握固。屈肘，回收左拳至左肋前，目视前方。（图2-88~图2-91）

图2-88

图2-89

图2-90

图2-91

8.接着，做右手攒拳怒目，与左手动作相同，唯方向相反。

9.两拳下落，收抱腰间，略为调息片刻。（图2–92）

10.两肘后拉，两拳上收至肋前，拳眼向上，目视前方。（图2–93）

11.两臂内旋，两拳向前冲出，与肩同高，拳心向下，怒目瞪视前方。（图2–94）

图2–92

图2–93

图2–94

12.两臂内旋，两拳变掌，虎口向下，掌尖相对，目视两掌。（图2–95）

13.两臂外旋，肘关节微屈。同时左掌向左缠绕，右掌向右缠绕，两掌掌心向上，随即握固。屈肘，回收双拳抱于腰间，目视前方。（图2–96~图2–99）

图2–95

图2–96

图2–97

图2-98

图2-99

14.两肘后拉，两拳上收至肋前，拳心向上，目视前方。（图2-100）

15.两臂抬肘，高与肩平，两拳置于两肩前，拳心向下，目视前下方。（图2-101）

图2-100

图2-101

16.两拳同时向腰后下方冲出，两臂伸直，拳心向后，二目圆睁瞪视前方。（图2-102）

17.两臂外旋，两拳变掌，虎口向下，掌尖向外，目视前方。（图2-103）

18.两臂外旋，肘关节微屈。同时，左掌向左缠绕，右掌向右缠绕，两掌掌心向上后随即握固，屈肘，回收双拳抱于腰间，目视前方。（图2-104）

19.两肘后拉，两拳上收至肋前，拳心向上，目视前方。（图2-105）

图2-102

图2-103

图2-104

图2-105

20.两臂内旋，两拳转至肩前方成拳心向下时，伸臂向两侧平肩冲出，怒目圆睁，瞪视前方。（图2-106、图2-107）

图2-106

图2-107

21. 两臂内旋，两拳变掌，虎口向下，掌尖向外，目视前方。（图2–108）

图2–108

22. 两臂外旋，肘关节微屈。同时，左掌向左缠绕，右掌向右缠绕，两掌掌心向上后随即握固，屈肘，回收双拳抱于肋前，目视前方。（图2–109、图2–110）

图2–109

图2–110

23. 两拳内旋成拳心向前，伸臂向头顶上方冲出，拳眼相对，仰面，怒目圆睁瞪视上方。（图1–111）

24. 两臂内旋，两拳变掌，虎口向前，掌尖相对，掌心向上，目视上方。（图2–112）

图2-111

图2-112

25.两臂外旋，肘关节微屈，同时，左掌向左缠绕，右掌向右缠绕、握固。屈肘，回收双拳抱于腰间，目视前下方。(图2-113~图2-115)

图2-113

图2-114

图2-115

第八段 背后七颠百病消

（功法分解）

1.将单盘坐改为双盘坐（即左脚背放在右膝内侧，右脚背放在左膝内侧，两脚心均向上），两拳变掌，向前旋转成掌心向下，随之下落分别扶于左右膝盖上，目视前方。（图2–116~图2–117附）

图2–116

图2–117

图2–117附

2.两掌下落分别按于左右大腿外侧，掌尖向前，两臂伸直用力撑劲，使臀部及两腿离地，身体悬空。（图2–118）

3.两臂屈肘松劲，使臀部、大腿猛然落地。（图2–119）

练习图2–116至图2–119动作，一起一落为1遍，反复7遍。

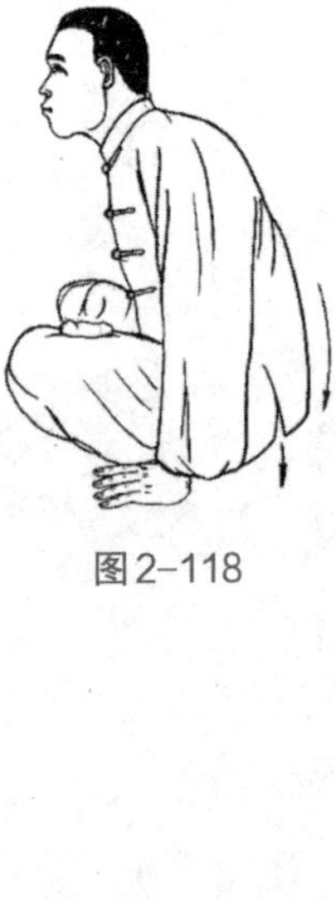

图2–118

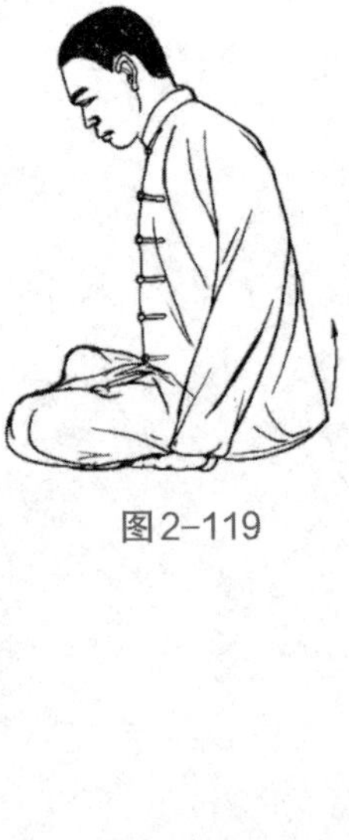

图2–119

4.两掌掌根抬起，用指尖抵地，伸臂用力，两小腿前胫及膝部抵地，将臀部抬离地面，上身略前俯，下颌上抬，仰面目视上方。(图2-120、图2-121)

5.两臂松劲，两掌收按两膝，同时，臀部猛然落下还原。(图2-122)

练习图2-120至图2-122动作，一起一落为一遍，反复7遍。

图2-120

图2-121

图2-122

6.两掌前下伸，掌尖按于地面，两小腿前胫及膝部抵地，臀部抬离地面，上体向前伸，抬颌仰面。(图2-123)

7.臀部猛然后坐还原，两掌收放在小腿上，目视前下方。(图2-124)

练习图2-123至图2-124为一遍，反复7遍。

图2-123

图2-124

收功

1.两腿向前伸出，两掌按摩腰部。（图2–125）

图2–125

2.收腿屈膝而坐，将面部埋于两膝上，两臂前伸交叉抱于两小腿前胫，放松周身。（图2–126）

3.伸直两腿，勾紧脚尖，低头俯身，两掌前伸，手指勾攀两脚尖，随后抬头仰面，反复数次，觉得两腿及全身放松后即起身，全功结束。（图2–127、图2–128）

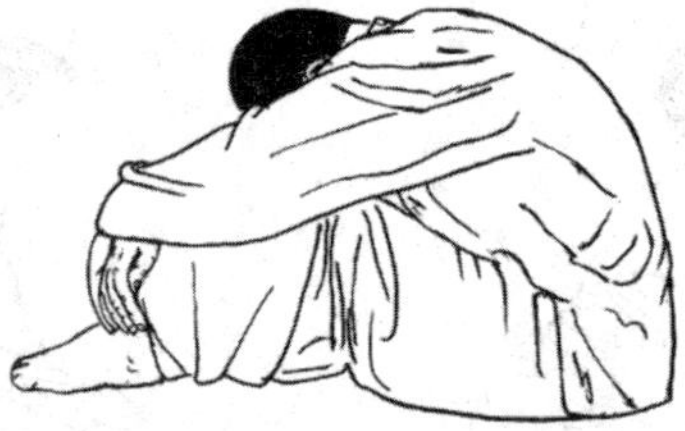

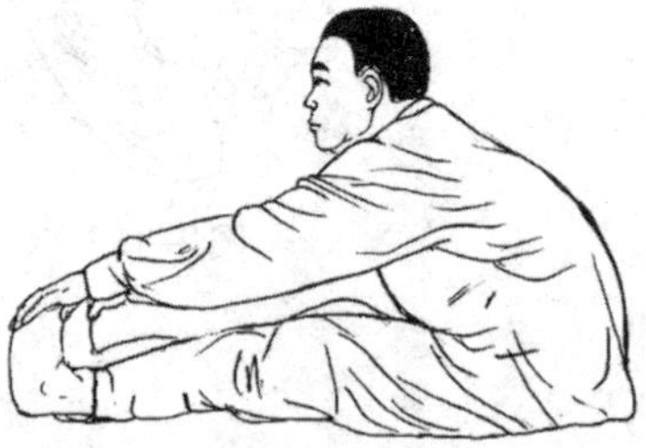

图2–126　　图2–127　　图2–128

第三章 王氏简易八段锦

这套八段锦，是著名体育教育家王怀琪先生于民国期间编排的，随后即在上海开始传授，并付刊印行。由于此功格式新颖，易于学习掌握，很受社会欢迎，在当时全国均有传习。今取其精华，重新配图，以飨读者。

王怀琪，字思梅，生于1892年，江苏吴县人。一生著作近百。他精于民族传统体育，擅长发掘祖国体育遗产，他悉心研究《八段锦》《五禽戏》《易筋经》等古籍，以近代体育观点加以整理，完成了多套具有民族特色的健身功法。本功即属其中精品。

第一段 两手擎天理三焦

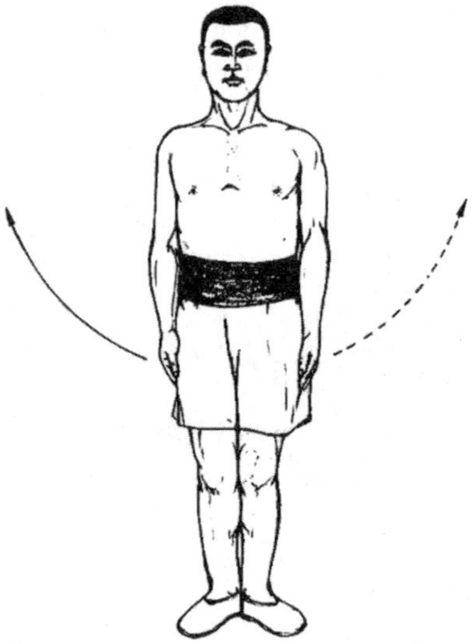

图3-1

【练法】

1.两腿挺直并紧，脚跟靠拢立正，脚尖向外张开，如“人”字形；两臂取自然姿势，垂在身旁，肩向后引；眼睛平视前方。（图3-1）

2.两臂伸直，从左右两侧向上举到头顶的上方，两手十指交叉相握，两脚跟提起，前脚掌撑地。（图3-2、图3-3）

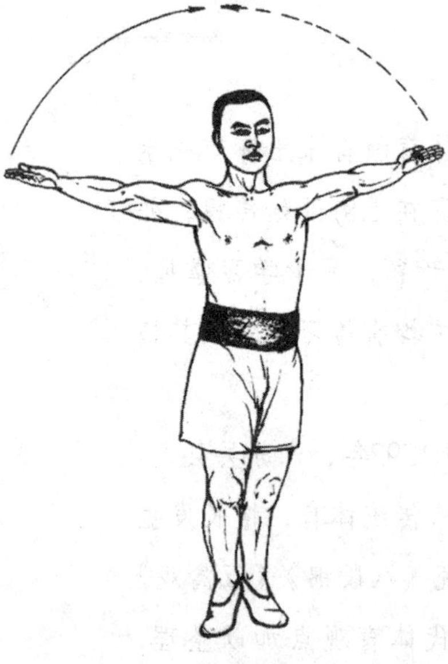

图3-2

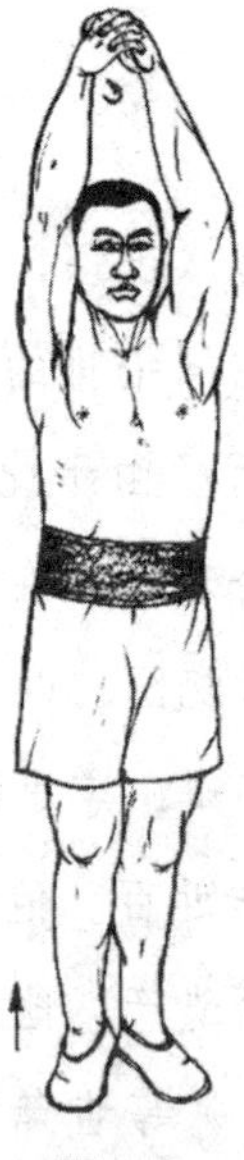

图3-3

3.翻转掌心向上托举，臂肘尽量挺直。同时，两脚跟也尽量提起。（图3-4）

4.两臂屈肘，引肘尖向两侧，翻转掌心向下，轻轻按着头顶，两脚跟轻轻落

地。（图3–5）

5.翻转两掌，伸臂向上托举，足跟随之提起。（图3–6）重复再练3次。

图3–4

图3–5

图3–6

6.十指放开，掌心向下，两臂从左右下垂，掌心附在两大腿旁，脚跟仍提起不动，胸膛挺出。（图3–7、图3–8）

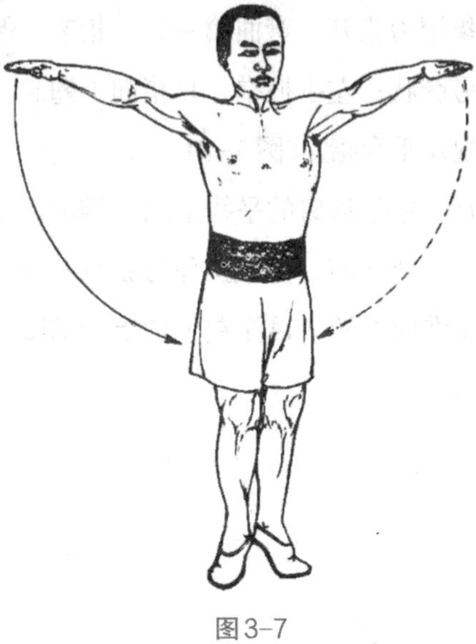
图3–7

图3–8

第二段 左右弯弓似射雕

1.两脚并步正身直立，两臂自然下垂于体侧，两掌心贴于大腿外侧，目视前方。（图3–9）

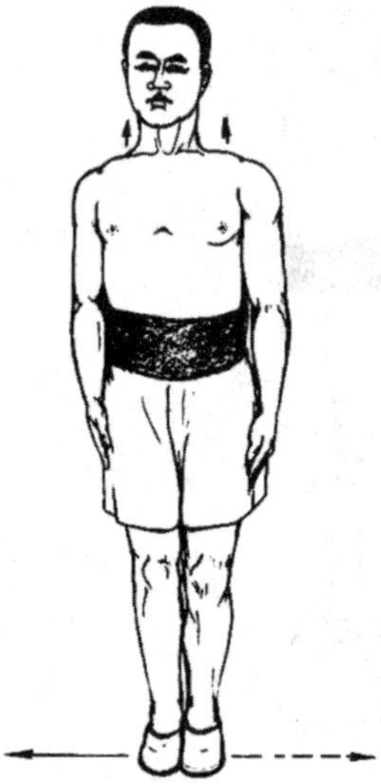

图3–9

2.两脚向左右跳开一大步，距离比肩部略宽，脚尖向正前方，两大臂向左右平举，小臂屈在大臂前，右手五指用力张开，弯曲第一、二指节，像抓住铁球的模样，掌心向左，虎口向上做执弓弦状；左手握拳，食指向上翘起，大拇指贴附在中指上，仿做推住弓背状；目视左手食指。（图3–10）

3.两腿屈膝成马步，上体正直。左拳从肩的平线上向左推出，臂伸直，仿做推住弓背向左张开状。右手握拳，拳背向前，仿做执住弓弦拉开势，臂肘尽量地向右侧挺出，使胸膛展开，头随左拳向左转，目注左手食指。（图3–11）

图3-10

图3-11

4.左拳五指张开，左臂从左经前方向左胸前收回。（图3-12）

5.左大臂回复到左平举的位置，小臂平屈在大臂前，臂肘尽量地向左侧挺出，使胸膛开展，右拳食指向上翘起，大拇指贴附在中指上，头略前倾，目视右手食指。（图3-13）

图3-12

图3-13

6. 右拳从肩的平行线上向右推出，臂伸直，仿做推弓状，头随右拳向右转，目视右手食指。（图3–14）

7. 右拳五指张开，右臂从右经前方向右胸前收回。（图3–15）

图3–14

图3–15

8. 右大臂回复到右平举的位置，小臂屈在大臂前，左拳食指向上翘起，大拇指贴附在中指上，头略前倾，目视左手食指。（图3–16）

9. 左拳从肩的平行线上向左推出，臂伸直，仿做推住弓背向左张开状；右手握拳，拳背向前，仿做执住弓弦拉开势，臂肘尽量地向右侧挺出，使胸膛展开；头随左拳向左转，目视左手食指。（图3–17）

图3–16

图3–17

10.两腿伸直，起立，左手五指张开，第一、二指节弯曲，臂从左侧经前方收回，大臂回复到左平举的位置，小臂平屈在大臂前，右拳食指向上翘起，大拇指贴附在中指上，头略前倾，眼睛注视右手食指。(图3–18)

练习一左一右为1遍，共做3遍。

图3–18

第三段　调理脾胃单举手

1.并步正身直立，两臂垂在身体两侧，手指并紧，掌尖翘起向前，与小臂成90度角，掌心向下，大拇指贴附在大腿旁。(图3–19)

2.左臂从左旁向上高举，五指并紧，指尖向右，右臂不动，仍垂在身体的右侧。(图3–20)

3.两掌保持原状，两臂肘引向侧屈，左臂屈到掌背贴近头顶，右臂屈到手背贴近肋下。(图3–21)

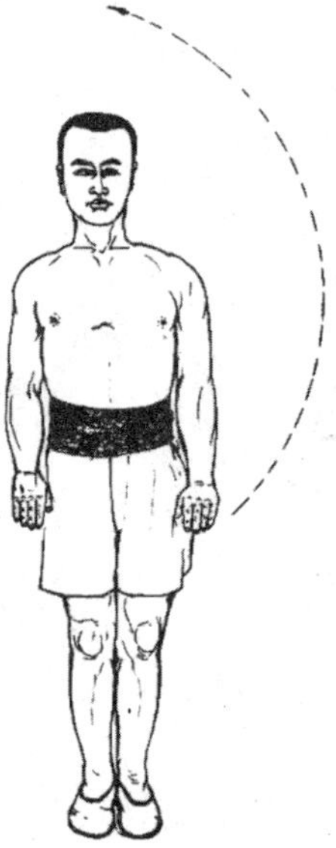
图3–19

图3–20

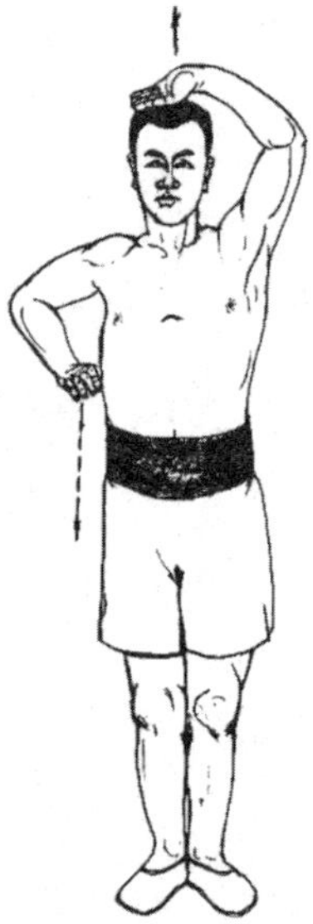
图3–21

4.随即两臂挺直成上托下按姿势。(图3–22)

5.左臂从左旁下垂，掌心向下，掌尖向前，大拇指紧贴在左大腿旁。同时，右臂从右旁向上高举，掌心向上，掌尖向左，目视前方。(图3–23)

6.两臂肘引向侧屈，右臂屈到手背贴近头顶，左臂屈到手背贴近肋下。(图3–24)

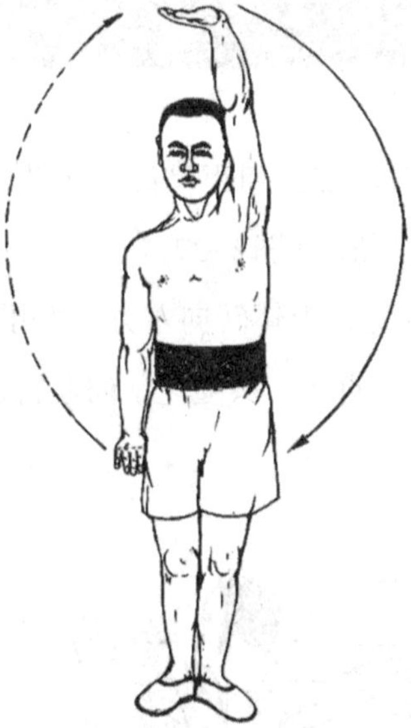

图3–22

图3–23

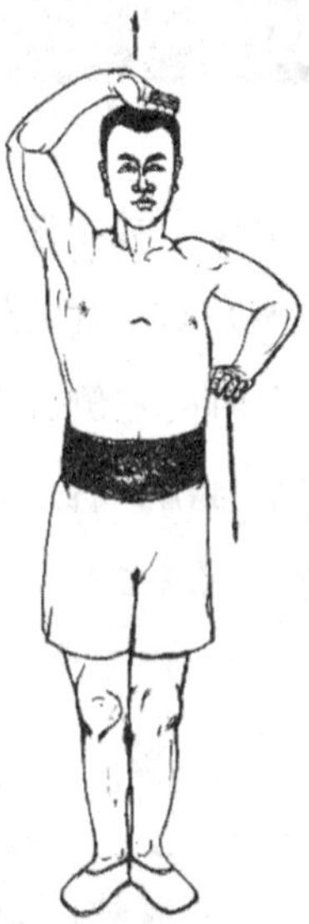

图3–24

7.随即两臂挺直成上托下按姿势。(图3–25)

8.左臂下按，右臂从右旁下垂，掌心向下，掌尖向前，大拇指紧贴在右大腿旁，还原成立正势。(图3–26)

练习上托下按左右为1遍，共做3遍。

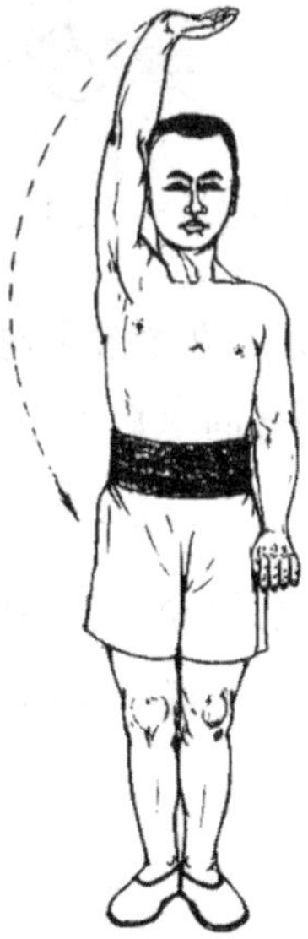

图3–25

图3–26

第四段　五劳七伤往后瞧

1. 承接上势，两臂屈在胸前，右手掌心正对面部，相距尺许，像照镜子模样，左掌在右掌背的外面，相距寸许，两掌成交叉形。（图3–27）

2. 左脚向左侧分开一步，两脚的距离与肩同宽，上体转向左方，左手竖掌，向后平肩推出，右手竖掌向前平肩推出，两臂成一直线，头随左掌向左转，目视左手背。（图3–28）

图3–27

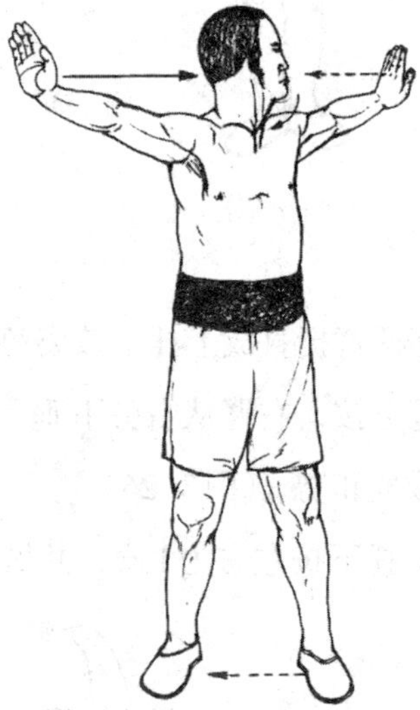

图3–28

3. 左脚收回，双脚并拢，上体及头复正，两臂屈在胸前，左掌心正对面部，相距尺许，像照镜子模样，右掌在左掌背的外面，相距寸许，两掌成交叉形。（图3–29）

4. 右脚向右侧分开一步，两脚的距离与肩等宽，上体向右转，右手竖掌向后平肩推出，左手竖掌向前平肩推出，两臂成一直线，头向右转，目视右手背。（图3–30）

图3-29

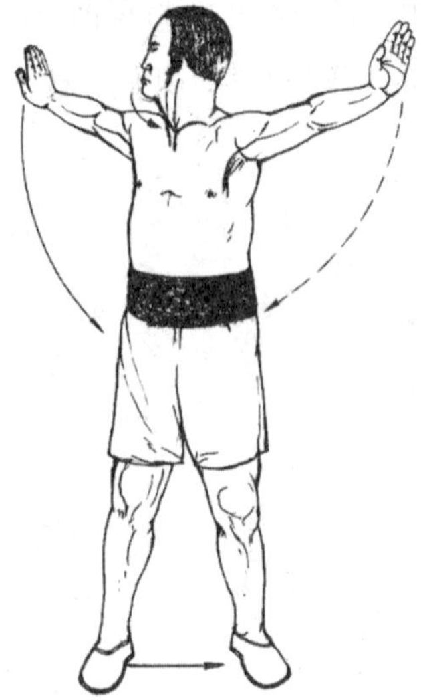

图3-30

5.左脚收回，双脚并拢，上体及头复正，两臂下垂，两手掌心紧贴在两大腿旁，两肩引向后，胸部挺出，头慢慢地尽量转向左方，目视左后方。(图3-31)

4.头慢慢地尽量转向右方，目注视右后方。(图3-32)

图3-31

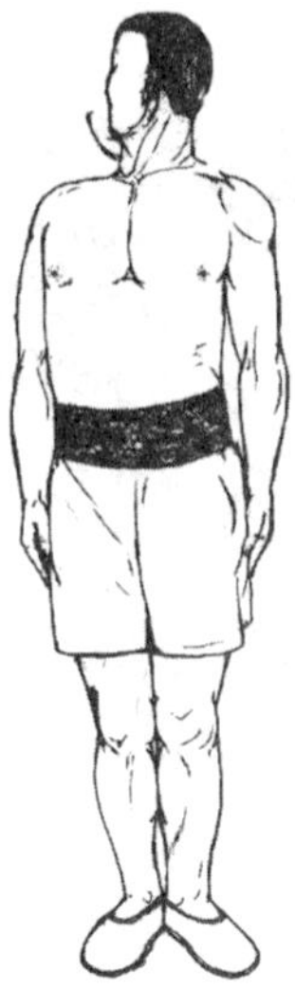

图3-32

5.上体及头复正，目视前方。（图3–33）

上述动作为1遍，共做3遍。

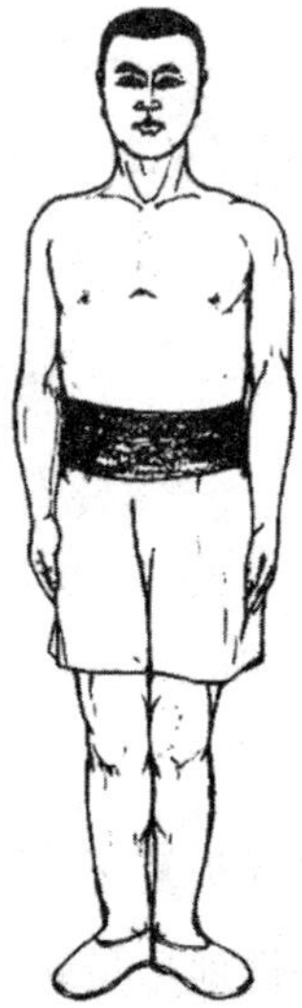

图3–33

第五段　摇头摆尾去心火

1.接上势，两脚向左右跳开一大步，屈膝蹲成马步，两掌扶在两膝盖上，虎口向内，目视前方。（图3–34）

2.左臂屈，肘尖向左下压，右臂挺直，上体及头向左伸，臀部略向右摆。（图3–35）

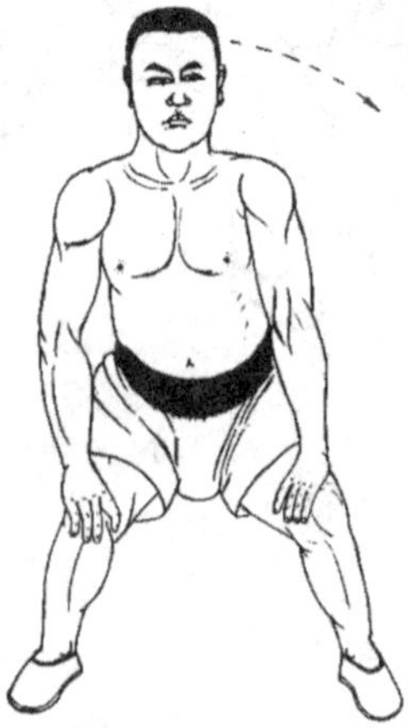

图3–34

图3–35

3.马步不变，左臂肘用力向左下压，右臂挺直，上体及头同时向左下摆动，臀部向右摆动。（图3–36）

4.上体及头部从左绕向后仰，臀部复原，两臂肘挺直，帮助上体后仰。（图3–37）

图3–36

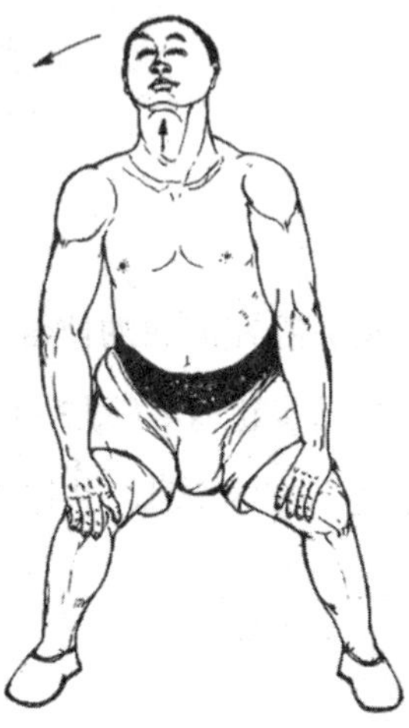

图3–37

5.上体及头部从后绕向右伸，与左侧动作相同，唯方向相反。（图3-38 ~图3-40）

图3-39

图3-38

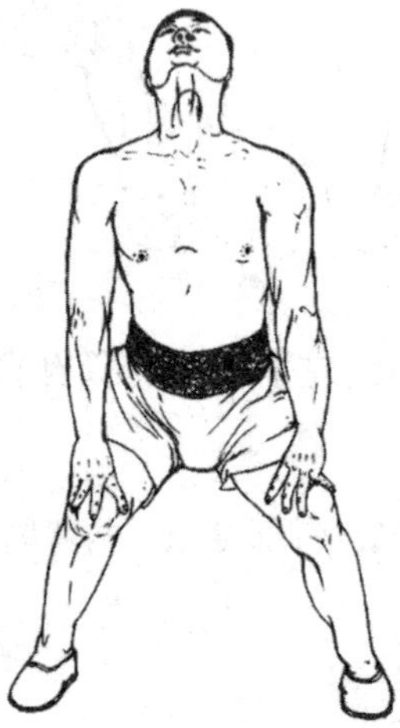

图3-40

6.上体及头部在前屈的位置上尽量地向前下探伸。（图3-41、图3-42）

7.恢复成马步正身。（图3-43）

练习上述动作为1遍，共做3遍。

图3-41

图3-42

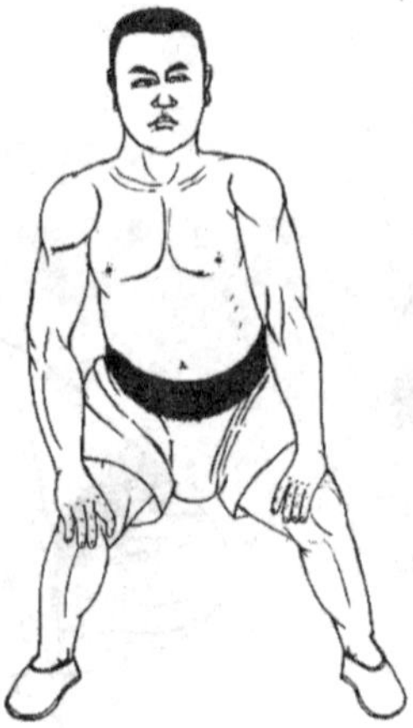

图3-43

第六段 背后七颠百病消

1.并步正身直立，脚尖、脚跟并紧，脚跟离地提起，两臂垂在背后，两手掌心抚在臀部，目视前方。（图3–44）

2.两脚跟落地，膝屈，身向下蹲，两掌从臀部向下移，经大腿的后部按摩到腿弯，胸部随之内收，做向上跳起状。（图3–45）

图3–44

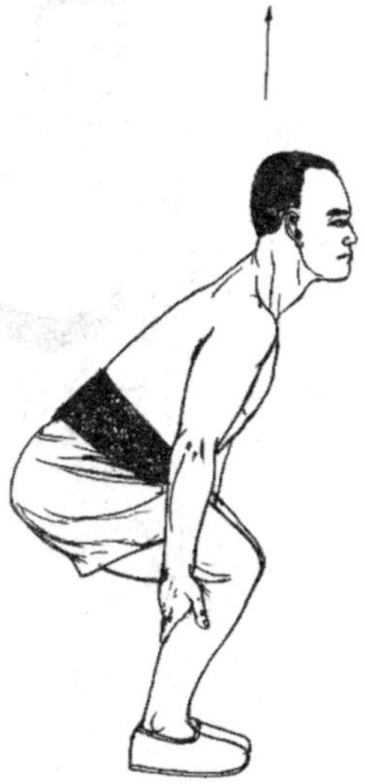

图3–45

3.随即胸部挺出，头向上顶，两膝挺直，尽量向空中跳起，两掌心经大腿的后侧向上移到臀部，掌尖向下，目视前方。（图3–46）

上述1~3动作连做3次。

4.两手掌背附在臀部，两大拇指勾牢，接近尾骨处，两膝挺直，头向上顶起，用脚尖的劲力颠跳一下。（图3–47、图3–48）

连跳3次。

图3-46

图3-47

图3-48

第七段 攒拳怒目增力气

1.接上势，两脚跟轻轻地落地，两臂垂在体侧，双手握拳，脚跟与脚尖仍旧并紧。(图3-49)

2.两脚向左右跳开一大步，左拳向左伸出，拳背向上，高与耳平，右臂引肘向后，屈在肋旁，右拳贴在右腰间，拳背向下，怒目虎视前方。(图3-50)

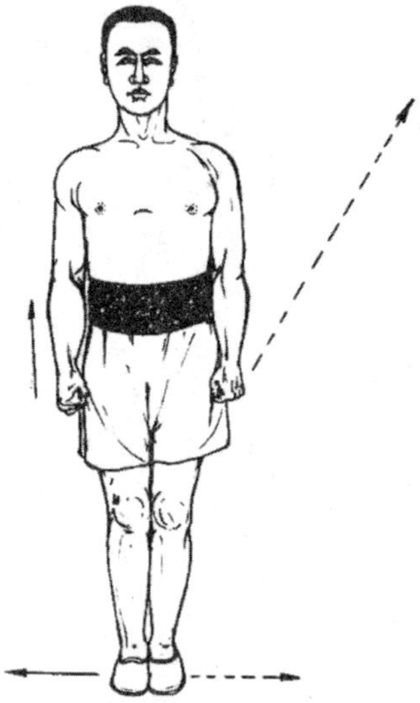

图3-49

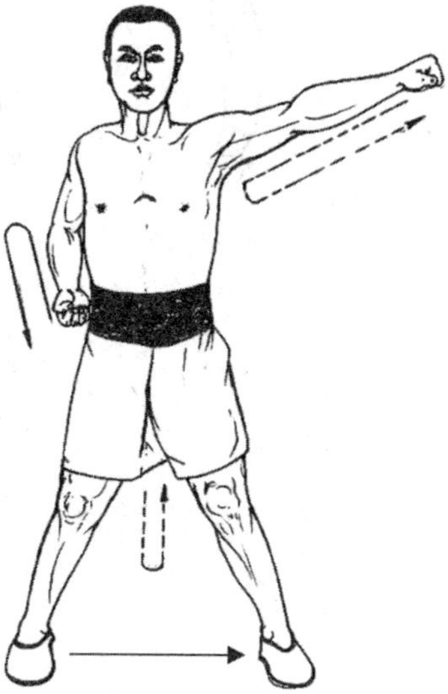

图3-50

3.两腿屈膝成马步，同时，左拳从左收回到腰间，拳背向下，引肘向后；右拳向右侧方冲出，拳背向上。(图3-51)

4.收右拳到腰间，左拳向左侧冲出。(图3-52)

5.左拳从左收回到左腰间，拳背向下，引肘向后；右拳向前冲出，拳背翻向上，二目瞪视前方。(图3-53)

6.右拳从右侧收回到右腰间，拳背向下，引肘向后，左拳向前冲出，拳背向上，二目瞪视前方。(图3-54)

图3-51

图3-52

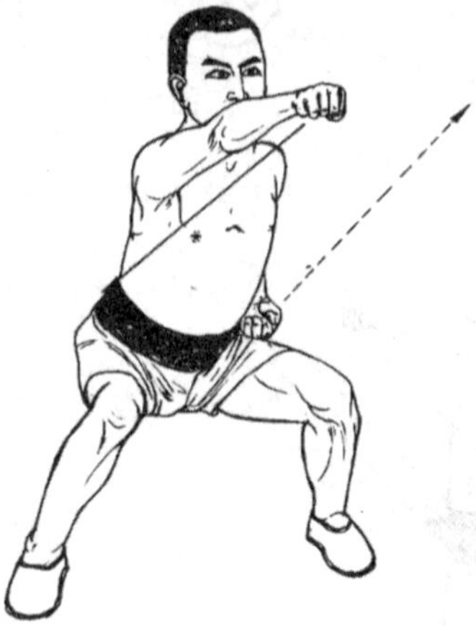

图3-53

图3-54

7.起立，两膝伸直，右拳向右平伸，拳背向上，左拳从左方收回到左腰间，拳背向下，引肘向后，瞪视前方。(图3-55)

8.左拳向前平伸，拳背向上，右拳从右方收回到右腰间，拳背向下，引肘向后，瞪视前方。(图3-56)

9.右拳向前冲出，拳背向上，左拳收回到左腰间，拳背向下，引肘向后，瞪视前方。(图3-57)

上述动作为1遍，习者可根据自己体力，反复练习多遍。

图3-55

图3-56

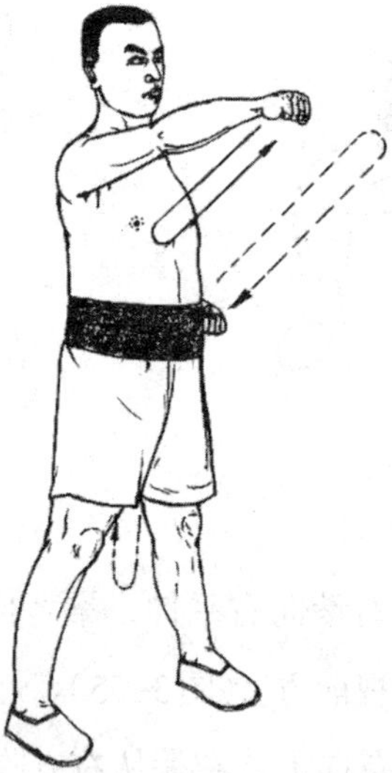
图3-57

第八段 两手攀足固肾腰

1.两腿并步正身直立，然后上体向前深屈，膝盖挺直，两臂跟随上体下垂，从小腿的两旁尽量向后伸，掌心向上。(图3-58、图3-59)

图3-58

图3-59

2.两脚尖略为翘起，两手掌心向内，握住脚尖，虎口向前。(图3-60)

3.上体再向前深屈，两肘屈收贴两小腿前胫外侧，下颏及面部向下伸动两次。(图3-61)

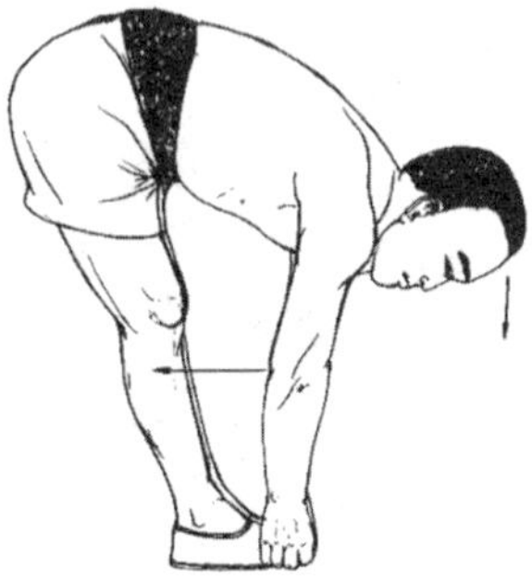

图3-60

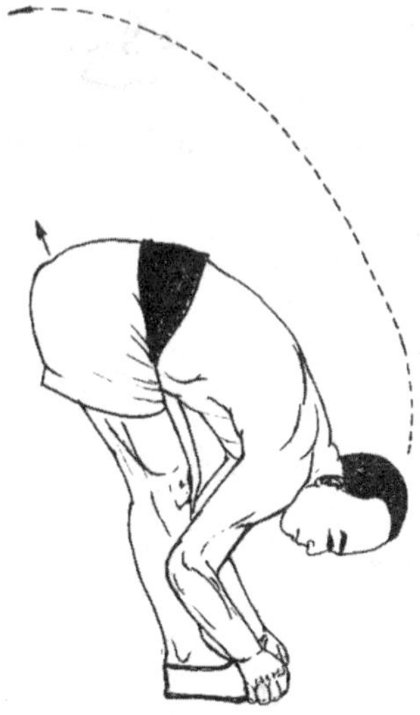

图3-61

4.起身，两大拇指指腹抵住后腰脊柱，两掌背贴住后腰，掌尖向下，胸腹前挺。（图3–62）

5.两掌掌心按贴后腰，掌尖向下，虎口向外，上体后仰，两肩胛骨向脊柱靠拢，展肩扩胸。（图3–63）

随即复原，连续做3次。

然后，缓行数十步，再行深呼吸十数次。全套功法结束。

图3–62

图3–63